ESSAI

SUR LES

CAUSES DE LA PERFECTION

DE LA

SCULPTURE ANTIQUE,

ET SUR LES

MOYENS D'Y ATTEINDRE.

SUJET PROPOSÉ PAR L'INSTITUT NATIONAL DE FRANCE, AU MOIS DE JUILLET 1797, POUR LE CONCOURS DE L'ANNÉE 1798.

PAR M. LE CHEVALIER LOUIS DE GILLIER,

CAPITAINE DE CAVALERIE.

Felix qui potuit rerum cognoscere causas.

À LONDRES:

De l'Imprimerie de BAYLIS, Greville-Street, Holborn.

Se vend chez A. DULAU and Co., No. 107, Wardour-street; J. DEBOFFE, Gerrard-street; T. BOOSEY, Broad-street, près de la Bourse-Royale; L'HOMME, New Bond-street.

Février—1798.

AU

DUC DE RUTLAND.

My Lord Duc,

CET Essai ayant obtenu votre approbation, j'ai conçu la flatteuse espérance qu'il n'était pas sans quelque mérite, & vous m'avez inspiré la confiance dont j'avais besoin pour le publier. Je regarde déjà comme le succès le plus flatteur que je puisse espérer, de voir accueillir mon faible travail par l'héritier d'une famille illustre à tant de titres, et qui, par les encouragemens qu'elle a donnés aux beaux arts, a prouvé qu'aucun genre de gloire ne lui était étranger. Je reçois avec une reconnaissance égale à l'honneur que vous me faites, la permission de vous le dédier.

Je suis avec respect,

My Lord Duc,

Votre très-humble

Et très-obéissant Serviteur,

Le Chev. Louis de Gillier.

ERRATA.

Page 63	ligne 13	devait	*lisez* devaient
Page 74	ligne 12	les ferait	*lisez* les feraient
Page 92	ligne 1	inportant	*lisez* important

NOTES.

Page 96	ligne 20	Cette	*lisez* Cet
Page id.	ligne 26	que vouloir	*lisez* que de vouloir

AVERTISSEMENT.

IL y a quelque tems que ce sujet a été proposé par l'Institut National de France pour le concours de l'année 1798 ; la France paraissait revenir alors de ses trop longues erreurs, la société semblait s'y réorganiser, la justice & la morale publique commençaient à y reparaître, tout faisait espérer un meilleur état de choses. J'osai essayer de concourir sur ce sujet proposé à toute l'Europe, & faire hommage à une patrie, que j'aimais encore, de mes observations sur un art que j'ai toujours plus aimé que cultivé. Mais la dernière Révolution qui a achevé de détruire toutes ces espérances, m'a fait changer de dessein. La nécessité où je me suis trouvé d'attaquer les principes des hommes qui gouvernent la France, m'ayant fait présumer que cet ouvrage ne pouvait qu'y être mal reçu, & de peu d'utilité dans ce moment, j'ai renoncé à l'adresser à des gens qui devaient

 avoir

avoir aussi peu d'envie de l'accueillir, que moi de le leur offrir. Ils ont tant répété que les tyrans ont horreur de la vérité, qu'ils me l'ont persuadé, & mes observations leur devenant pour le moins inutiles, je les ai gardées pour quelques amis, & pour moi.

ESSAI

SUR LES

CAUSES DE LA PERFECTION

DE LA

SCULPTURE ANTIQUE,

ET SUR LES

MOYENS D'Y ATTEINDRE.

. . . .

TOUS les artistes conviennent que l'art de la Sculpture fut porté à la plus haute perfection chez les anciens ; ils conviennent généralement qu'il est impossible de former de bons élèves, s'ils ne fréquentent de bonne heure les modèles que les Grecs nous ont laissés, & dont quelques-uns sont devenus absolument classiques.

Mais la plûpart, quoique entraînés par l'admiration de ces immortels chef-d'œuvres sont encore bien loin d'en sentir toutes les beautés ; ils les copient servilement sans les comprendre ; ils sont capables de juger l'habileté de la main qui fit sortir d'un bloc informe la statue d'un héros ou d'un dieu ; mais le génie qui lui donna une âme, le génie, qui mécontent des imperfections que la nature lui présentait, s'élança dans le beau idéal, & qui après avoir réuni dans un seul ouvrage les beautés qu'elle n'avait produites qu'en détail, allant encore plus loin pénétra jusqu'aux conceptions divines, & fit prosterner les Grecs devant l'image de Jupiter ; c'est ce génie qu'ils ne sentent pas, & qu'ils sont encore bien plus loin de posséder. Leur éducation trop négligée les laisse froids à l'âge où ils devraient s'enflammer, leur enfance qui devrait être imbue des connaissances qui mènent par gradation à l'enthousiasme, est abandonnée faute de maîtres à une dissipation qui ne leur permet pas de lier sans interruption l'époque où ils commencent à sentir avec celle où ils commencent à travailler ; c'est principalement cette éducation morale de l'artiste qui nous manque, & sans laquelle il ne peut jamais arriver aux grandes conceptions en aucun genre, cette éducation qui seule peut donner de la justesse à ses idées, & qui, sans refroidir les élans du génie, en fasse diriger toutes les productions par la raison & les grâces. Pour parvenir à ce but, je vais tâcher de dévoiler les causes de la perfection de la Sculpture chez les anciens, & d'indiquer les moyens que les modernes pourraient employer pour y atteindre.

Quand

Quand on parle de la perfection de la Sculpture chez les anciens, les connaisseurs n'ont jamais prétendu parler que des Grecs, cette nation si justement célèbre à tous égards.

C'est donc chez les Grecs qu'il faut chercher les causes de cette perfection.

Il paraît que leur mythologie, leur climat, leurs belles formes extérieures, leurs institutions, leurs mœurs & leurs habitudes, furent les causes principales qui donnèrent aux Grecs ce génie des arts qui leur semble particulier.

Deux époques principales sont à remarquer dans l'histoire de leur mythologie : les tems fabuleux, & les tems héroïques. Les tems fabuleux lui donnèrent naissance. Elle fit des Grecs non seulement un peuple religieux, mais encore elle contribua dans la suite à les conduire à la perfection des beaux arts. Cette mythologie avait tout animé. Jupiter avait sa cour dans les cieux, Phébus conduisait le char du soleil, Diane présidait à la nuit, Saturne réglait le tems ; d'autres dieux encore s'occupaient de toute la nature ; les bois avaient leurs dieux, les montagnes, les antres, les fleuves, les fontaines avaient les leurs ; tout vivait, tout respirait ; Vénus, l'amour & les grâces embel-

embellissaient, divinisaient, pour ainsi dire, toutes les passions, & lorsque l'inévitable faulx du tems avait tranché leurs jours, ils allaient jouir dans les Champs-Elisées d'un bonheur pur & inaltérable avec tout ce qui leur avait été cher. Un poëte, un artiste pouvaient-ils rester froids avec de telles idées ?

Le génie qui présidait aux brillantes destinées des Grecs sembla faire naître, & arranger exprès toutes les époques, & toutes les circonstances dont l'heureuse série devait les conduire à la perfection des arts. Ce peuple qui ne comptait parmi ses fondateurs que des dieux & des héros, vit paraître dans les tems héroïques ces hommes extraordinaires, qui se croyant les uns descendus des dieux qu'ils adoraient, les autres aspirant à mériter une apothéose, ne faisaient que de grandes actions. Il fallait un homme pour fixer cette époque : Homère parut.

Cet interprète de la renommée inspiré par les dieux qu'il chanta, composa ses ouvrages de l'histoire de ce peuple. Il peignit les passions de ces héros, & même celles de leurs dieux, avec les couleurs les plus brillantes & les plus vraies. La fureur, la jalousie, la vengeance même avaient dans ses sublimes chants un caractère noble, sans perdre jamais ce ton de vérité qu'il prenait dans la

nature.

nature. L'amitié, l'amour y étaient divinisés, la valeur & toutes les vertus guerrières y étaient regardées comme inhérentes au nom Grec. La Grèce retentit de ces chants divins & du nom de leur auteur, qui dans cet inimitable ouvrage avait consacré la mémoire de ces héros, & célébré d'une manière si touchante & si noble les sentimens & les affections auxquels ce peuple était le plus sensible. Dès lors les idées de grandeur & de majesté d'une mythologie qui liait les dieux avec les hommes, prirent un caractère d'intérêt, de sensibilité, & de dignité qui dut exalter & anoblir le génie des artistes.

Les Grecs nés sous le plus beau climat du monde voyaient toujours le ciel serein ; le soleil ne leur communiquait de sa chaleur que ce qu'il en fallait pour tenir leurs esprits en fermentation ; les deux sexes y étaient également beaux ; les étrangers, étonnés à la vue de ce peuple dont les formes étaient si pures, dont les traits respiraient à la fois, la noblesse & l'élégance, la fierté & les grâces, lui pardonnaient alors d'appeller les autres peuples barbares.

Le climat leur permettant d'avoir plusieurs parties du corps nues, ou presque sans vêtemens, l'artiste avait sans cesse sous les yeux les formes de la plus belle jeunesse ; il pouvait saisir à tous momens de belles attitudes chez un peuple qui faisait tout avec grâce. Les vêtemens, qui couvraient les autres parties, combinés avec autant d'art que de goût, tantôt accusaient le nud, tantôt se déployant avec noblesse flottaient sur leurs épaules, & ne cachaient une partie du corps que pour faire briller celle qu'ils abandonnaient aux yeux.

L'artiste se formait ainsi dès sa plus tendre jeunesse ; il pouvait étudier sans cesse ; il voyait à tous momens de belles extrémités que n'avaient point gâtées des ouvrages pénibles, ou des chaussures ridicules ; il pouvait sans cesse en voyant une belle femme se pénétrer de cette harmonie qui régnait entre les parties nues, celles que la pudeur, de concert avec l'amour, avait couvertes d'un voile léger, & celles où se prononçaient les plis d'une draperie majestueuse. Quelquefois, à l'ombre du mystère, la beauté se permit de se montrer sans voiles aux yeux du jeune artiste ; pénétré alors d'admiration, d'enthousiasme & d'amour, le feu de Prométhée se glissa dans ses veines, son génie s'exalta jusqu'à l'extase, il ne vit plus une simple mortelle, & prenant son ciseau, ses habiles mains firent tomber l'enveloppe qui renfermait Vénus dans un bloc de marbre.

Le tems des républiques fit d'abord des Grecs un peuple guerrier ; pour assurer leur liberté, on les vit avec une poignée de soldats repousser hors de leur territoire les innombrables armées des Perses. Jouissant ensuite de quelques intervalles de paix, ils se livrèrent à leur goût dominant, aux beaux arts, & surtout à la Sculpture. Bientôt en parcourant la Grèce, l'étranger étonné, trouva à chaque pas des monumens de la gloire, des triomphes, & des talens des Grecs ; leur supériorité en tous genres fut avouée presque sans jalousie, leur nom fut porté jusqu'aux extrémités du monde, & la Grèce, quoique le plus petit état qu'on connût alors, remplit l'univers de sa renommée, comme le grain d'encens qu'ils brûlaient devant Minerve embaumait tout son temple.

Non seulement le tems de la paix était employé à cultiver tous les talens, mais encore des nations barbares venaient-elles porter la guerre dans le sein de la Grèce ; pendant que les armées défendaient leurs foyers & leurs pénates, des essaims d'artistes se divisaient ; ils emportaient avec eux les étincelles de leur génie, ils allaient le rallumer dans des lieux plus tranquilles ; & là, il semblait que le génie des arts n'eût qu'à frapper la terre, pour en faire sortir plus de chef-d'œuvres que la hache des barbares n'en pouvait détruire.

Le nom de ces barbares est presque resté dans l'oubli, pendant que celui des Grecs a volé à l'immortalité. Quelle leçon pour les peuples dévastateurs, & quel motif d'émulation pour les peuples artistes !

Parmi les peuples dont l'histoire a conservé le souvenir, quelques-uns ont toujours eu un caractère bien déterminé relativement aux arts, tels que les peuples dévastateurs, les peuples conquérans, & les peuples conservateurs.

Les peuples dévastateurs, éternels fléaux des peuples heureux & tranquilles, ne parurent heureusement qu'à de longs intervalles. Insensibles aux charmes des arts qu'ils ignoraient chez eux, ils en furent toujours les ennemis chez les autres. Entreprenans, parce qu'ils cherchaient des propriétés ; méfians, parce qu'ils étaient ignorans & cruels ; braves, parce qu'ils méprisaient la vie dont ils ignoraient les douceurs, ils vainquirent presque toujours les peuples civilisés, & souvent ils les exterminèrent, dans la crainte d'un juste ressentiment.

Les peuples conquérans, victimes de l'orgueil & de l'avarice de leurs chefs, furent toujours hors de la nature. Sans cesse trompés par des hommes adroits & ambitieux, la vérité leur devint étrangère ; en les arrachant aux plus doux sentimens de la nature, ces chefs songèrent plus à en faire des soldats que des citoyens, & en les rendant,

pour

pour ainsi dire, habitans de tous les pays, ils rendirent factice l'amour de la patrie. Ces hommes qui ignoraient les charmes de la vie privée, ces hommes qui avaient passé leur jeunesse loin de leur patrie, ces hommes qui ne combattirent jamais sous les yeux de leurs mères, de leurs épouses, ou de leurs maîtresses, ces hommes pour qui l'amour fut une passion brutale, ces hommes, dis-je, qui méconnurent toutes les affections douces & sensibles, ne pouvaient jamais être inventeurs dans les beaux arts. Quelquefois cependant ils les cultivèrent ; l'orgueil qui fut toujours leur passion dominante devait les y porter, mais ils ne furent jamais que de froids imitateurs.

Mais quel peuple plus que les Grecs, montra cet esprit aimable & sage qui caractérise les peuples conservateurs, & fut toujours l'attribut des peuples artistes ? les Athéniens avides & amoureux de la gloire, la trouvèrent souvent, mais ne la cherchaient pas dans les combats ; contens de maintenir leurs limites, ils ne firent presque jamais la guerre que pour avoir la paix, & si quelquefois leurs armées portèrent la guerre chez les autres peuples, ce ne fut que par une ambition de quelques particuliers que la nation ne parut jamais partager.

Ainsi, tandis que l'esprit de conquête n'excite que l'orgueil & les passions violentes ; le général d'un peuple conservateur, qui vient de sauver sa patrie, n'inspire que la reconnaissance, & les sentimens les plus doux.

Tout, chez les Grecs, était fait pour exalter l'imagination de ce peuple spirituel & délicat, & le porter au perfectionnement des arts ; tout était fait pour inspirer le sentiment du beau. Le théâtre, les cérémonies civiles, les cérémonies religieuses même, étaient des écoles de plaisirs & de grands sentimens. Les amans qui allaient dans le temple de Vénus lui offrir deux colombes, ou les guerriers qui allaient faire un sacrifice sur les autels de Mars, satisfaisaient les passions les plus enivrantes en rendant hommage aux dieux. Que de motifs d'exaltation & d'enthousiasme pour les artistes, chez un peuple qui décernait des prix à la beauté, qui la regardait comme la plus noble image de la divinité, qui croyait plaire aux dieux en destinant la plus belle jeunesse des deux sexes au service des temples, & chez qui même la prostitution fit oublier ses dégoûtans attributs par la beauté, l'esprit, & les grâces ! Que d'avantages pour les artistes chez un peuple où les jeux même portèrent un si grand caractère d'intérêt, que les hommes les plus distingués regardèrent comme le plus beau jour de leur vie, celui où ils y remportèrent un prix ! que de moyens de former & d'instruire

truire l'artiste, dans des jeux, où tantôt des hommes sans vêtemens déployaient les plus belles formes dans les attitudes les plus avantageuses; tantôt d'une autre manière, la plus belle jeunesse faisait briller tour à tour l'adresse, la force, & l'agilité; tantôt dans des chars légers traînés par des coursiers rapides, des hommes se disputaient des prix glorieux, où les vaincus inspiraient encore l'intérêt, quand les vainqueurs inspiraient l'enthousiasme! eh! ne sait-on pas qu'un père mourut de plaisir en embrassant son fils qui venait de remporter le prix des jeux Olimpiques? que de succès ne devait pas espérer l'artiste chez un peuple, où de tels jeux pouvaient lui fournir à la fois le modèle, & le sujet qu'il avait à traiter! Les arts ne pouvaient que faire des progrès rapides avec de telles mœurs, & de pareilles institutions.

Un usage pratiqué à Athènes contribua encore beaucoup à la perfection de la Sculpture. Lorsqu'un citoyen avait acquis une grande fortune, il en consacrait ordinairement une partie à faire élever des monumens publics. Périclès, le protecteur le plus zélé de Phidias, & un des plus riches particuliers de son tems, en fit construire un grand nombre à ses dépens, & en épuisant même pour cet objet le trésor public; ils furent tous marqués au coin du génie qui caractérisait ce grand homme,

homme, & il laissa à la postérité des modèles parfaits en tous genres.

Depuis Homère, l'art se perfectionnait tous les jours en Grèce, l'émulation était excitée, les écoles s'établissaient ; l'anatomie, cette partie si essentielle, était étudiée sur la nature ; le marbre exprimait les passions avec vérité, l'art de la Sculpture enfin paraissait n'avoir plus rien à acquérir, lorsque Alexandre parut.

Quels encouragemens ne dûrent pas recevoir les arts dans un pays, où ce grand homme fut l'ami de Praxitelles, de Lysippe, & d'Apelles ? Cet Alexandre, si justement surnommé le Grand, qui sut allier des qualités presque incompatibles jusqu'alors, celles d'un héros, d'un savant, & d'un homme aussi sociable qu'aimable ; ce conquérant qui bâtissait des villes, fondait des institutions utiles, protégeait le commerce & les arts ; cet homme merveilleux que des barbares modernes ont appellé brigand, & dont la mort fut pleurée par les peuples même qu'il avait conquis. Ce fut alors que la Sculpture fut poussée au plus haut point de perfection. On peut croire que la Peinture le fut aussi, puisque Apelles acquit alors la réputation du plus grand peintre, & certes, il eut des juges assez éclairés,

Alexandre rendait l'hommage le plus distingué à la mémoire de l'immortel poëte qui avait chanté des héros dans le langage des dieux ; qui pouvait, mieux que lui, apprécier le génie du chantre, & les nobles sujets qu'il avait célébrés ? Il portait sans cesse ces sublimes ouvrages, il les lisait avec ses amis, & sans sortir de cette petite enceinte, on pouvait voir à la fois le héros qui devait surpasser tous ses ayeux, & les artistes qui devaient l'immortaliser.

Enfin le dernier période de la Sculpture vit s'élever l'Académie où les plus grands maîtres enseignaient publiquement, & conversaient avec les élèves. Ces artistes rassemblés redressèrent les torts de la nature, & ajoutèrent une nouvelle grâce à ses beautés. Ils firent disparaître l'arbitraire auquel s'étaient livrées l'ignorance & la présomption ; ils donnèrent des loix à l'architecture qu'il fut impossible de transgresser sans faire des fautes ; ils distinguèrent d'une manière précise les statues des dieux, de celles des mortels ; sur celles-ci, ils épuisèrent tous les charmes des proportions & de la beauté, ils réservèrent pour les autres un trait de la divinité. Enfin ce sublime Aréopage posa les bornes de la perfection, comme furent posées celles de l'océan ; il fut toujours impossible de les passer.

Voyons avec quel succès les Grecs profitèrent des circonstances heureuses & des institutions qui concoururent à en faire le premier peuple artiste de la terre.

On ne vit jamais un peuple ne faire de grands progrès que dans un seul art. Les mêmes causes qui contribuent à en porter un à la perfection, influent sur tous les autres par le rapport qui règne entre eux, leur but commun étant de répandre des charmes sur la vie, & de flatter les passions auxquelles le cœur humain a le plus de penchant. L'ingénieuse allégorie des Muses se tenant par la main, & exécutant des danses circulaires au son de la lyre d'Apollon, rappellait aux artistes Grecs la liaison & l'harmonie qui doivent règner entre tous les arts. Ainsi les causes qui firent fleurir la Sculpture en Grèce, contribuèrent également à perfectionner l'architecture, la peinture, la danse, la poésie & l'éloquence.

D'autres nations avaient cultivé les arts avant eux, mais les Grecs s'approprièrent pour ainsi dire leurs découvertes, en les portant au plus haut degré de perfection. Ils partirent du point où les autres s'étaient arrêtés, & leur génie sembla ne plus connaître de limites ; une faible imitation de la nature suffisait aux premiers, les Grecs la surpassèrent. Phidias, imbu des sublimes idées d'Homère,

mère, montra le premier juqu'où l'art pouvait aller ; quelquefois gigantesque, mais toujours sublime, il sembla être le seul dont le regard altier pût fixer la majesté des dieux. Minerve sortit de ses mains, comme elle sortit du cerveau de Jupiter, & il montra aux hommes Jupiter lui-même, comme il le voyait dans l'Olimpe. S'il daigna quelquefois s'abaisser jusqu'aux conceptions des autres mortels, il sembla que ce ne fut que pour former cette série d'artistes qui devaient semer des fleurs sur cette route qu'il leur montra à travers les éclairs du génie. Praxitelles, Lysippe, Myron, Polyctète, rapprochèrent de la nature cet enchaînement d'idées dont Phidias plaça le premier anneau dans les cieux, & l'on vit bientôt la Grèce remplie de chef-d'œuvres ; sous leurs mains tout recevait la vie ; les matières les plus dures semblaient se prêter avec complaisance à exprimer leurs sublimes pensées ; le marbre contractait la mollesse des chairs, & la légèreté de ces étoffes transparentes que leur langue expressive & délicate nommait de l'air tissu ; le bronze prenait la légèreté des cheveux, & les Zéphirs semblaient faire flotter des ondulations qui n'étaient la veille que des masses informes.

L'architecture était abandonnée à l'arbitraire chez des peuples sans goût : les Grecs lui fixèrent des règles positives, tout fut motivé. A mesure que le génie inventait, la sagesse, la raison & le goût disposaient & arrangeaient ses découvertes; depuis la pierre fondamentale d'un temple jusqu'à l'ornement le plus délicat, tout était en rapport; on vit alors, pour la première fois, les convenances dans les parties, & l'harmonie la plus parfaite dans le tout. Quelles justes proportions, quelle admirable distribution, quel choix parfait dans les ornemens, quelle grâce dans les allégories & les emblêmes, quelle délicatesse dans l'exécution! il sembla que Jupiter lui-même avait donné le plan de son temple.

Les Grecs avaient vû chez d'autres peuples l'ébauche de tous les arts; ils avaient vû des temples & des palais chez les Perses, chez les Egyptiens. Mais peu satisfaits de ces masses qu'avait entassées un luxe sans goût, ils inventèrent un ordre d'architecture où tout fut raisonné. L'œil fut rassuré en passant sous ces masses élevées qui se contrebalançaient, la colonne ne porta plus un poids disproportionné à ses forces; toutes les parties que la nécessité avait inventées & posées, semblèrent l'avoir été par les grâces; de larges repos, ménagés avec art, donnèrent de la valeur au bas-relief, & à des ornemens exquis & motivés dont ils furent cependant économes. Le fronton même, qui jusqu'alors avait paru un inconvénient,

devint

devint entre leurs mains le couronnement majestueux d'un édifice où l'on vit s'allier avec grâce & convenance, les parties rampantes, les parties transversales, & les parties perpendiculaires. Le premier hommage en fut fait aux dieux.

Les Ioniens firent dans la suite quelques changemens à l'architecture ; ils lui donnèrent peut-être un peu plus d'élégance, mais ils s'éloignèrent de son ancienne sévérité ; ils semblèrent perdre de vue les rapports de l'ornement avec les parties essentielles.

Mais peu de tems après parut un Grec dont le génie créateur, impatient de ces vacillations, fixa pour jamais les règles du beau & du vrai. Il conserva ce que la première architecture Grecque avait de raisonné, & partant de ce point, il pénétra dans le beau idéal ; il distribua toutes les parties avec autant de force que de légèreté ; la colonne s'allongea, les cannelures furent plus profondes ; l'entablement fut décoré sans confusion, de tout l'ornement dont il était susceptible, sans couvrir, ni même déguiser les parties essentielles qui devinrent elles-mêmes ornemens. Il fit contraster avec un art merveilleux la lumière avec les ombres ; l'achante, le superbe achante vint tantôt se rouler avec grâce & mollesse sur la longueur d'une frise, tantôt se déployer autour d'un chapiteau, tantôt envelopper un modillon, tantôt se refendre sur une moulure. La Sculpture acheva d'embellir ces sublimes conceptions, & l'architecture fut alors vraiment digne des dieux; Callimaque (1) éleva un temple où daigna descendre le Dieu qui l'avait inspiré, les Grecs se prosternèrent, leur imagination ardente les fit douter un moment si ce qu'ils voyaient était l'ouvrage des hommes, ils identifièrent le dieu avec le temple; il ne restait plus qu'un pas à faire, & il fut fait: ce dieu y rendit des oracles.

Ce peuple, naturellement porté à toutes les affections aimables & douces, & qui avait une manière si ingénieuse & si délicate de les exprimer, après avoir élevé des autels à la reconnaissance, à la piété filiale, à l'amitié & à l'amour, voulut rendre portatives les marques de son souvenir. L'ami désira de voir sans cesse l'image de son ami; le fils voulut avoir celle de l'auteur de ses jours, & la transmettre à sa postérité; l'amant voulut porter sur son cœur celle d'une maîtresse adorée; le génie des artistes se réveilla pour immortaliser des sentimens si doux. Ce génie également propre aux vastes conceptions, & aux détails minutieux, porta à la perfection l'art numismatique. La nature semblait n'avoir formé les pierres précieuses que pour plaire aux yeux par leurs couleurs brillantes: l'art des Grecs fit oublier le prix

de

de ces belles matières, pour n'y remarquer que leur inimitable travail ; la beauté y parut avec toutes ses grâces, & Vénus n'y parut pas moins belle que lorsqu'elle sortit des mains de Praxitelles. Dans ces ouvrages délicats, comme dans les plus grands, jamais le fini ne refroidissait le premier élan, chaque coup de burin, ainsi que chaque coup de ciseau, était raisonné, l'artiste ne détachait aucun morceau de la matière sans intention, & un fini précieux ne faisait que donner du lustre à la beauté.

Les pierres formées de couches horizontales de différentes couleurs furent transformées en camées, où l'on vit quelquefois les cheveux & la chair, sur des fonds rembrunis, imiter les couleurs de la nature.

La perfection de ce genre de Sculpture s'étendit jusques sur les meubles domestiques ; les urnes, les candelâbres, les trépieds & les autels particuliers furent embellis d'une Sculpture délicate qui ne le cédait en rien à la Sculpture mâle & savante des grands objets.

Il est à remarquer que ce peuple, sage dans ses folies, délicat dans ses goûts, & faisant tout pour la gloire & les plaisirs, dédia le plus beau temple d'Athènes à la Sagesse ; mais que, malgré lui, ses hommages particuliers furent toujours rendus au

dieu

dieu des arts & de l'éloquence, ainsi qu'à la déesse de la beauté.

Après avoir indiqué les causes de la perfection de la Sculpture antique, je vais jetter un coup-d'œil sur l'histoire de sa décadence chez les Grecs & chez les Romains ; j'arriverai par progression jusqu'aux modernes. On pourra trouver dans les causes de la ruine de cet art, un supplément à celles de sa perfection, & il me semble que le meilleur moyen de le rétablir autant qu'il est possible dans sa pureté antique, est de tâcher de dévoiler les causes successives de sa perfection, de sa décadence, de sa ruine & de sa restauration.

Ce peuple extraordinaire eut le sort de tout ce qui est humain : les Grecs, après être parvenus au plus haut point de splendeur & de gloire, furent conquis, & leur existence politique fut terminée. Pendant des siècles, ils rendirent infructueuses les tentatives de leurs voisins ; mais à la fin le luxe & la mollesse, éternels dissolvans des empires, les détournèrent de songer à leur défense, & cette belle contrée fut prostituée à des barbares. Les Romains même, qui pendant long-tems s'étaient contentés d'échanger leur or contre les productions du génie des Grecs, trouvèrent à la fin, selon leur usage, plus commode d'aller les

enlever,

enlever, le fer & la flamme à la main. Ces monumens indigènes dans la Grèce furent transportés à Rome, où ils cessèrent de produire les mêmes fruits ; ils emportèrent ces chef-d'œuvres que le sort des armes avait mis entre leurs mains, mais leur puissance ne pouvait pas commander au génie de les suivre sur cette terre étrangère. Pendant long-tems les Romains en surent apprécier le mérite, les artistes Grecs qui avaient échappé aux dévastations de la guerre furent appellés à Rome, ils vinrent soumettre leur génie expirant aux loix du vainqueur, & pour comble de maux, ils se virent réduits à immortaliser leurs ennemis.

Déjà l'art de la Sculpture avait décliné en Grèce ; les artistes, ne trouvant plus à inventer, n'étaient plus que les imitateurs serviles de leurs anciens maîtres. Quelques-uns cependant entretenaient l'art dans sa pureté & son grand caractère, peut-être même ils auraient pu faire revivre le siècle des Phidias & des Praxitelles ; mais la guerre dévastatrice vint détruire toutes ces espérances, & l'émigration de l'art acheva sa perte. Ces monumens perdirent ce respect magique, dont ils étaient investis dans les lieux qui les avaient vu naître ; les Grecs y voyaient l'histoire presque vivante de leurs dieux & de leurs ancêtres ; les Romains commencèrent à n'y voir que des fables.

Ces

Ces Grecs, ainsi dégradés, furent bientôt témoins des changemens qui présageaient la décadence des beaux arts. Chaque innovation fut un écart. Le goût s'altérait ; & les Romains perdaient de vue les règles & les loix qu'avaient dictées les Grecs. Une somptuosité gigantesque remplaçait l'élégance Attique ; un palais ressemblait à une cité, & un amphithéâtre élevait sa cime à la hauteur des montagnes : tous leurs monumens étaient marqués au coin de leur caractère, & ce peuple vain & altier semblait vouloir subjuguer l'admiration que les Grecs avaient entraînée. L'étranger, qui allait visiter les monumens d'Athènes, en revenait rempli d'un sentiment d'admiration douce quoique exaltée ; chaque jour qu'il les voyait, il y trouvait de nouvelles beautés, & il les quittait sans même avoir songé aux travaux qu'ils avaient pu coûter. Celui qui allait à Rome, était frappé d'étonnement à la première vue de cette ville où tout était modélé sur l'orgueil des vainqueurs du monde. Mais il n'y avait pas une seule pierre de ces somptueux & gigantesques édifices, qui ne lui parût cimentée du sang de ces milliers d'esclaves, que leur orgueil & leur barbarie avaient condamnés à les servir ; l'esprit mécontent & le cœur ulcéré, il finissait par détourner la vue de ces vastes monumens ; il se rappellait avec douleur le goût & la délicatesse Attique, & en partant il

versait

versait des larmes de regret, de voir ces héritiers de l'art des Grecs après l'avoir dénaturé, en avoir condamné les restes à composer des monumens à l'orgueil, à la vengeance & à la cruauté.

Ils élevèrent dans la suite des statues & des temples, à la justice, à la concorde & à la paix; mais il semble que ce fut plutôt pour couvrir leurs injustices, que pour rendre hommage aux dieux.

Les Romains sentant, malgré eux, la supériorité des Grecs, suivirent pendant quelque tems leurs principes; Rome était décorée des plus beaux ouvrages des Grecs; on suivait leurs plans & leurs dessins dans la construction des temples; les tombeaux & leurs inscriptions se sentaient encore de la noble simplicité Grecque; les urnes destinées au service des temples, à renfermer les cendres des morts, ou aux usages domestiques, avaient encore des formes pures, & des ornemens délicats motivés sur leur emploi. Mais ils voulurent changer les principes des Grecs; ils voulurent inventer & composer, & bientôt l'art de la Sculpture recula au lieu d'avancer. Ce fut alors que l'architecture vit naître l'ordre Composite, monstre né de deux ordres Grecs, qui ouvrit la carrière à toutes les fantaisies ridicules. Ils tronquèrent, ils ajoutèrent, ils retranchèrent; une fois que la barrière posée par les Grecs fut passée, on ne la regarda plus, & les vrais principes furent oubliés. Les statues sorties de leurs mains étaient lourdes & sans expression, & paraissaient d'autant plus mauvaises, qu'on avait sans cesse sous les yeux des objets de comparaison qui étaient tous au désavantage des nouveaux ouvrages.

Les plus riches citoyens de Rome, pour satisfaire au goût du peuple, & détourner la jalousie qu'inspiraient leurs immenses richesses, donnèrent des fêtes publiques ; il fallut construire pour cela des édifices immenses. Pour bâtir des amphithéâtres qui pussent contenir jusqu'à 50 mille spectateurs, on entassa les ordres, & l'on vit des détails grèles & sans convenance former des masses énormes qui devinrent le tombeau du goût des Grecs.

Les Toscans plus sages, sentant leur insuffisance, se contentèrent de retrancher les ornemens qu'ils ne pouvaient rendre, & renforcèrent tous les membres de l'architecture. En choisissant cette méthode opposée à celle des Romains, ils se trouvèrent plus près du vrai, quoiqu'ils s'éloignassent de l'élégance.

Les Romains élevèrent encore par intervalles quelques beaux monumens, leurs ruines nous l'attestent encore ; quelques-uns étaient composés sur d'anciens plans Grecs, la Sculpture de de leurs ornemens était délicate & bien prononcée ; mais le goût de la nouveauté & du gigantesque s'introduisait dans la plûpart des ouvrages. L'opinion de tout un peuple finit presque toujours malheureusement par forcer la main des artistes qui se prêtent au goût dominant.

Eh ! quel devait être relativement aux arts, le goût dominant d'un peuple à qui ses chefs ambitieux ne cessaient d'imprimer des idées fausses, sur les objets qui devaient l'intéresser le plus ? Ces hommes parlaient de la justice aux Romains, à travers le meurtre & le carnage qu'ils avaient provoqués ; ils leur parlaient de la morale publique, en violant les droits les plus sacrés des nations ; ils leur parlaient du respect des propriétés, en dépouillant le faible ; ils leur parlaient de la vertu, en étouffant les sentimens les plus chers au cœur humain ; ils leur parlaient de l'amour de la patrie, pendant qu'en les conduisant à la mort dans des climats lointains, souvent dans le sein de cette même patrie, on égorgeait leurs pères & leurs épouses ; ils leur parlaient enfin de la liberté, dans un esclavage qu'ils leur déguisaient, & du bonheur qui devait couronner leurs victoires, en les faisant périr dans les fatigues de la guerre. Telle était la situation de ce peuple, lorsqu'il commença à cultiver les beaux arts.

Pendant long-tems on ne vit presque aucun monument ni aucune cérémonie publique à Rome, qui ne rappellât des idées d'injustice, de brigandages & de meurtres. Dans les triomphes, dont les généraux ne pouvaient obtenir les honneurs qu'après avoir fait périr un certain nombre d'ennemis, on ne voyait que des prisonniers enchaînés, des dépouilles sanglantes, des Rois attachés aux chars des vainqueurs ; en entretenant le peuple de ses victoires, il ne pouvait s'empêcher de voir que le butin qu'on partageait aux armées, était le produit de violences exécutées par le fer, & éclairées par la flamme ; ces idées fermentaient dans leurs têtes ardentes ; tout devait prendre des formes analogues aux sensations qu'ils éprouvaient.

Leur délassement, & leur plaisir favori ayant été long-tems le spectacle d'animaux qui s'entre-déchiraient dans une arène, cette jouissance ne fut pas suffisante, ils voulurent y voir des hommes. Il s'en trouva d'assez foux pour s'exercer & se dévouer à leurs plaisirs sanguinaires. On vit des Romains, le poignard à la main au milieu d'un amphithéâtre, s'arracher la vie avec fureur, pour plaire à une multitude désœuvrée, & la barbarie fut poussée jusqu'au rafinement de mourir avec grâce au milieu des applaudissemens.

Le

Le goût des Grecs pouvait-il subsister long-tems chez un peuple qui recevait une telle éducation ? pouvait-il être sensible aux allégories fines & délicates ? pouvait-il connaître l'élegance & les grâces touchantes des compositions & des ouvrages Grecs ? pouvait-il être susceptible de ces passions douces & entraînantes qui sont le premier mobile des beaux arts, ce peuple chez qui les hommes méconnurent la pitié, & où les femmes ne versèrent jamais une larme de tendresse?

Aussi le vrai beau, inséparable de l'honnête, y fut toujours étranger & transplanté. Il y fut goûté par quelques hommes sensibles & privilégiés ; mais la masse de la nation s'y méprit toujours. La plûpart des Romains passaient à côté des monumens Grecs sans y faire attention, & ils allaient devant un obélisque de granit, couvert d'hiéroglyphes qu'ils n'entendaient pas, s'extâsier, uniquement parce que ce bloc avait plus de cent pieds de hauteur & qu'il venait d'Egypte.

Atticus, ce Romain si célèbre par son urbanité, son esprit & son goût, quitta dès sa plus tendre jeunesse la capitale de sa patrie, pour aller à Athènes cultiver les beaux arts. Quoique cette ville ne fut plus alors ce qu'elle avait été, il ne pouvait néanmoins se résoudre à la quitter. Il

achetait

achetait au poids de l'or les ouvrages des Grecs qu'il envoyait à Pompée & à son ami Cicéron, pour embellir leurs palais & leurs maisons de campagne. Il revint enfin à Rome à la sollicitation de l'amitié ; mais ni ce sentiment, ni l'ambition, ne purent l'y retenir, & il lui fut impossible de se priver volontairement du séjour d'Athènes après l'avoir connue. Il écrivait de cette charmante ville, des lettres à ses amis, qui sont des monumens de la supériorité des Grecs avouée par un Romain.

César, un de ces hommes que la nature ne produit qu'à de longs intervalles, orateur, historien, & conquérant aussi généreux qu'habile, emmena avec lui dans ses conquêtes une troupe d'artistes pour immortaliser sa gloire ; partout où il passa, il laissa des monumens de sa grandeur. Mais la plûpart de ces monumens, quoique bien composés, annonçaient le déclin de la Sculpture ; quelques-uns cependant ne laissaient presque rien à désirer ; & même après lui les Romains élevèrent à Nismes ce gracieux monument, auquel ses habitans ont donné depuis le nom bas & trivial de *maison quarrée*. A cette époque le genre des statues était négligé, & la plûpart des monumens en étaient entièrement dépourvus.

Le

Le siècle d'Auguste arriva. Cet Empereur qui avait beaucoup de choses à faire oublier aux Romains, s'empressa d'être le restaurateur des arts. Les artistes furent encouragés & récompensés. Le marbre arrivait de Paros pour se transformer en monumens; le bronze couvert d'or, se changeait en statues ; les édifices publics, les temples, les arcs de triomphe, les palais s'élevaient. Mais le feu du génie, semblable à celui d'une lampe qui va s'éteindre, brillait d'une clarté peu durable ; il jettait quelques lueurs, on retombait ensuite dans l'obscurité. Cette époque si vantée par l'histoire fut bien loin de voir refleurir le goût des Grecs; son arrêt était prononcé par le destin. Tous les efforts d'Auguste ne purent évoquer les mânes des Phidias, des Praxitelles, des Lysippe. Vénus ne fut plus la déesse de la beauté; entre les mains du plus habile artiste de ce tems, elle se contenta d'être sans défauts. L'amour ne portait plus ce trait victorieux dont l'atteinte était sûre. Apollon n'était plus qu'un homme ; il avait perdu ce rayon de beauté, de gloire & de majesté qui caractérisait le dieu du soleil, des arts & de l'éloquence ; ce trait qu'avait deviné Phidias, & qu'il rendit par une inspiration divine.

Qu'eussiez-vous pensé de ce peuple, immortels artistes que produisit la Grèce, si vos mânes fussent

sent revenus parmi eux ; qu'eussiez-vous pensé de ces Romains, qui avec toutes les richesses du monde ne purent acheter une seule étincelle de votre génie ? Si votre gloire eût eu besoin d'un nouveau triomphe, les efforts des Romains auraient été le plus grand.

Parmi les monumens qu'ils élevèrent depuis le règne d'Auguste, on en apperçut toujours quelques-uns qui conservaient le goût des Grecs. La plûpart des temples étaient encore d'un style noble & simple ; les meilleurs artistes rendaient hommage à leurs maîtres, & mettaient leur gloire à suivre leurs principes ; le Panthéon nous le confirme. Il eût suffi tout seul à conserver l'idée du bon genre. On ne conçoit pas que dans la suite l'école d'Italie se soit livrée à autant d'écarts à côté de ce beau monument ; on regrette seulement en le voyant, que son magnifique péristyle se trouve lié à un édifice d'un âge plus ancien, & d'un genre infiniment inférieur. Les ruines de Rome attestent qu'il y avait plusieurs autres temples dont les frontispices du même genre étaient encore d'une plus grande magnificence, sans avoir, comme celui qui reste, l'inconvénient, relativement à sa beauté, de couvrir une nudité choquante.

Ils élevèrent aussi des arcs de triomphe. Celui de Titus est remarquable parmi ceux qui restent, comme le plus correct, & le mieux composé. Mais les Grecs ne leur ayant laissé aucun modèle dans ce genre, ils n'en élevèrent aucuns qui fussent exempts de ces écarts qui caractérisaient le génie particulier de ce peuple.

La bonne architecture se maintint dans quelques monumens, parce qu'ils avaient encore sous les yeux les règles, les proportions & l'ordonnance Grecques. Les artistes, à qui il restait du goût & du jugement, non seulement en sentaient le prix, mais ils trouvaient peut-être encore plus commode de s'y conformer que d'inventer. La Sculpture, en même tems, rétrogradait à grands pas ; les statues des dieux étaient grossièrement travaillées, celles des Romains dont on voulait conserver le souvenir, étaient la plûpart sans noblesse, & posées d'une manière maladroite. Depuis ce tems, les draperies ont toujours été lourdes, les accidens des plis mal choisis, & la nudité triviale. Les figures des bas-reliefs étaient mal dessinées ; ce genre que les Grecs avaient poussé à une si haute perfection, s'altéra entièrement entre leurs mains. En croyant faire mieux que les Grecs, ils sortirent du genre, & dans l'intention de produire plus d'effet, ils ne donnèrent que la preuve de leur mauvais goût,

en

en faisant sortir entièrement au dehors des parties qui ne devaient pas quitter le fonds. Ils mêlèrent avec la ronde-bosse, ce charmant genre de tableaux rélevés, & détruisirent ce beau contraste qu'ils produisaient, chez les Grecs, avec les autres parties de l'architecture. La Sculpture de l'ornement devint lourde & confuse, l'artiste cachait son insuffisance sous une abondance prodiguée sans goût, & l'on vit alors le chapiteau Corinthien dépouillé du superbe achante, pour y substituer l'olivier plus facile à exécuter, mais qui était bien loin de remplacer les beaux mouvemens de l'achante.

Il parut à Rome, par intervalles, quelques belles statues, mais elles furent toutes faites par des Grecs qui avaient hérité du génie de leurs ancêtres, & qui avaient été élevés dans leur patrie.

Depuis Auguste, l'art de la Sculpture fut toujours en décadence jusqu'à Constantin. Ce prince acheva de le perdre en transportant à Bizance une grande partie des plus beaux ouvrages des Grecs. Il dépouilla Rome pour enrichir la capitale de son nouvel empire ; mais faute de jugement, ses vûes furent trompées, & l'art perdit autant à ce déplacement que ses intérêts politiques. Constantinople n'hérita pas des influences du nom de Rome, & les monumens perdirent le reste des

effets

effets qu'ils pouvaient produire à Rome pour les progrès de l'art.

On vit ensuite cette fameuse & désastreuse époque, où des essaims de Barbares, descendus des montagnes du Nord, vinrent couvrir & dévaster toute l'Europe. Rome, la superbe Rome, fut enfin détruite par ces mêmes barbares qui jadis avaient tremblé au seul nom des Romains. A force de défaites, ils apprirent de leurs vainqueurs l'art de la guerre; & Rome enfin les vit dans ses murs, le fer & la flamme à la main, massacrer ses habitans, & brûler ses monumens. La hache acheva ce que le feu ne pouvait consumer; les temples furent renversés, les statues brisées. Le bronze perdit ses formes élégantes, pour se transformer en instrumens de guerre; & Rome ne fut plus qu'un monceau de ruines, habité par ses barbares vainqueurs.

Après avoir désolé l'Europe, & détruit tous les monumens des arts, les Goths & les Vandales y introduisirent malheureusement leur architecture barbare, pendant qu'à Rome ils corrompaient le langage des vaincus en y mêlant leur idiôme grossier.

Dès ce moment commença une époque de plusieurs siècles, où le génie des arts fut entièrement enseveli; les épaisses ténèbres de l'ignorance couvrirent la surface de l'Europe désolée dont une partie avait vû ses malheureux habitans remplacés par ces hordes grossières & féroces. Le bon sens, la raison & le goût étaient ensevelis dans le sommeil le plus profond ; tout ce qui peut disposer l'âme à concevoir & à exécuter de grandes choses, était anéanti. Le génie exterminateur de la barbarie planait seul sur l'Europe, & déployait ses ailes ensanglantées au dessus de ces ruines silencieuses.

Un léger crépuscule sembla renaître ; Charlemagne parut. Après avoir soumis, & donné des loix sages à des peuples indomptés jusqu'alors ; après avoir réuni sous sa domination un des plus grands empires connus ; cet homme, dont le génie était beaucoup au dessus de son siècle, jetta les yeux sur ces immenses débris. Il en retira quelques monumens qui éveillèrent l'esprit grossier des artistes de son tems. Quelques ouvrages d'orfévrerie, quelques édifices, quelques Sculptures grossières, quelques manufactures semblèrent présager un siècle plus éclairé ; mais ce grand homme mourut, & ces légères connaissances furent ensevelies avec lui. Il fit plus que son siècle ne comportait, parce que seul il eut du génie. La barbarie reprit ses droits, & les ténèbres ne purent être dissipées.

Semblables à une neige bienfaisante qui couvre pendant le règne des aquilons des semences qui doivent germer & éclore au printems, ces vastes ruines cachaient les germes précieux qui devaient un jour redonner naissance à la Sculpture. Elles sauvèrent les trésors que les barbares avaient oubliés, & que dans des tems plus heureux, les Médicis firent sortir de la terre, pour former la sublime école du quinzième siècle.

Cette famille, célébre surtout dans l'histoire des arts, occupait à la fois le trône de Toscane, & le siége de Rome. Les Médicis appellèrent auprès d'eux le petit nombre d'artistes qui existaient alors. Ces Souverains consacrèrent des sommes immenses à la restauration des arts, & les progrès répondirent aux soins qu'ils se donnèrent. Michel Ange parut : ses hautes destinées l'appellaient à être le restaurateur des arts. Déjà le Bramante avait jetté les fondemens d'un édifice immense qui, quoique avec des défauts, est encore par sa masse & ses beautés de détail, le plus beau monument qui existe en ce genre. Cet artiste avait conçu un plan si vaste, qu'il ne put être achevé de son vivant. Michel Ange fut chargé de le continuer. Les trésors lui furent prodigués ; rien ne contraignit l'essor de son

son génie ; les artistes paraissaient, & les arts semblaient renaître de leurs cendres.

Cet homme étonnant, architecte, sculpteur, peintre, & musicien, se voyait sécondé par des artistes dignes de concourir avec lui. Il allait s'instruire sur les monumens que le tems & les barbares avaient épargnés ; il fouillait ces décombres qui cachèrent si long-tems les beaux restes de l'antique splendeur des Romains & du goût des Grecs. L'abondance de son génie lui permettait à peine de finir un ouvrage, il brûlait d'en commencer un autre. La Sculpture commença à reprendre ce caractère antique que distingue ce beau mêlange de fermeté & de mollesse, que connurent si bien les Grecs. Il surpassa bientôt les anciens Romains par la composition & l'exécution de ses figures ; mais se livrant trop au feu de son génie pour l'architecture, il composa d'une manière gigantesque ; il sembla vouloir porter aussi haut ses ouvrages que son imagination en élevant un dôme dans les nues, & il ne s'apperçut pas assez que les efforts sont toujours dénués de grâces. Son admiration exaltée pour l'art de Grecs, ne lui laissa pas le tems de l'approfondir ; cet homme dont la mémoire est immortelle, fut obligé pour ainsi dire, de tout créer lui-même, & il manqua de cette progression

de

de tems & d'exemples, nécessaire au perfectionnement de l'art. Mais il jetta la lumière dans le cahos des productions Grecques; il montra la route qu'il fallait tenir, & fut par ce moyen le premier maître de l'école Française, qui sous le règne de Louis XIV. porta la Sculpture au plus haut point de perfection où elle ait été depuis les Grecs.

A l'époque où Michel Ange parut, toutes les institutions Grecques étaient anéanties, leur mythologie était à peine connue, leurs préjugés n'existaient plus, le paganisme avait été remplacé par la religion Chrétienne. Cette religion divine avait porté la morale à une perfection inconnue à l'homme; elle lui avait appris non seulement à aimer son semblable, mais encore à obliger son ennemi. Mais cette religion qui prêchait toutes les privations, qui prêchait l'humilité & l'entière abnégation de soi-même, était peu propre aux arts, surtout dans des tems où ses principes étaient suivis à la rigueur; il est vrai qu'au 15ème siècle on était déjà loin de cette stricte observance, mais malgré cela c'était l'opinion dominante, & comme les arts ne peuvent s'exercer parmi les peuples que sur les idées qui les affectent le plus, la religion fournit les sujets de presque tous les ouvrages de cette école.

Les artistes avaient de grands préjugés à vaincre, toutes les opinions du tems étaient faites pour entraver leur génie, & le mauvais goût avait jetté de profondes racines qu'il était bien difficile d'extirper. Michel Ange surmonta une partie de ces difficultés, en secouant des préjugés ridicules. Il composa ses sujets d'une manière brillante, & prit souvent pour modèles, les nymphes, les grâces, & les amours, dans des sujets religieux. Mais quelles difficultés, quels empêchemens aux progrès de l'art, dans un siècle où des beautés devenaient des inconvenances !

Quelque tems avant, la peinture & la Sculpture étaient dans la barbarie ; on multipliait, dans le même tableau, les inconvenances & les anachronismes les plus grossiers ; on n'avait aucune idée de la perspective ni du clair-obscur. Ces deux grands moyens de la peinture furent poussés tout à coup à la perfection. Des sujets aëriens, où brillait l'art des raccourcis les plus hardis, vinrent décorer avec somptuosité & noblesse les voutes des temples & des palais.

La Sculpture en tous genres, quoique poussée à un très-haut degré de perfection, n'avait pas fait d'aussi grands progrès. Il n'est pas de mon sujet d'entreprendre un parallèle entre ces deux arts ; mais on doit remarquer cependant qu'à cette époque,

époque, les artistes trouvèrent de grands modèles pour la Sculpture, & qu'ils manquèrent de cette ressource pour la peinture, qu'ils portèrent cependant à un si haut degré. Cette observation pourrait être le sujet d'un traité fort intéressant pour les deux arts.

Des artistes sans nombre s'occupèrent de transmettre à la postérité le fruit de leurs nouvelles découvertes; le compas fut porté sur les monumens d'architecture, les proportions des ordres furent saisies avec justesse, tous les ornemens qui concouraient à embellir cet art sublime, furent dessinés avec soin. Quelques artistes firent des traités sur cet art, où ils déployèrent de grandes idées, & des observations judicieuses & profondes. Mais par une inconséquence qui n'est que trop ordinaire à l'esprit humain, les préceptes furent bons, & les exemples souvent mauvais; ils furent aveuglés par les richesses qu'ils trouvèrent, leur abondance nuisit souvent à l'harmonie qu'ils devaient mettre dans leur arrangement, & l'on vit souvent réunir des choses incohérentes. Il n'y a presque pas un édifice de ce tems là qui ne soit mal composé; le clinquant tient toujours la place du vrai beau, & à l'exception du temple de St. Pierre, ils composèrent toujours d'une manière mesquine, pendant qu'ils avaient sous les yeux des modèles de l'ancienne Rome faits pour les guider.

guider. Les éloges de leurs contemporains, qui n'avaient encore vu que des ruines, nuisirent beaucoup aux progrès de l'art.

Ce ne fut pas moins à eux que nous dûmes la renaissance de la Sculpture en tous genres, la carrière fut ouverte, & des hommes plus habiles devaient la parcourir.

Peu de tems après, François Ier. essaya de faire fleurir les arts en France ; il fit venir de Rome quelques belles statues Grecques, & il fit mouler une partie des plus belles qu'il ne put pas acheter. Ses efforts furent presque inutiles, il se forma très peu d'artistes ; celui qui avait du génie, ne pouvait porter bien loin les progrès de la Sculpture, faute de moyens d'instruction, & il mourait sans laisser à une bonne école, les fruits de son talent. L'artiste, pour plaire à des contemporains sans goût, donnait quelquefois dans des écarts ridicules ; il ambitionnait la vaine gloire qui n'est que trop dans le cœur humain, de se faire plutôt admirer de son vivant par des sots & des ignorans, que de laisser des ouvrages faits pour être appréciés par une postérité plus éclairée. Un seul (2) eut un grand génie & un grand talent ; il sembla être le précurseur de cette foule d'artistes qui contribuèrent à immortaliser le siècle de Louis XIV.

Avant de poursuivre la marche des arts jusqu'aux tems modernes, il est, je crois, important de faire quelques observations sur les espèces de gouvernemens qui leur ont été le plus favorables.

Les gouvernemens des peuples n'étant presque toujours que des résultats de la nécessité, ou de circonstances fortuites & imprévues, on doit sentir qu'il est bien difficile d'en établir un dans la vue de favoriser les arts. Mais j'espère du moins que les artistes pourront trouver dans ces observations, des motifs pour se défaire de toute prévention, chercher la vérité de bonne foi, & ne pas se laisser influencer par des intérêts, & un ordre de choses qui dans ce moment pourraient égarer leur jugement.

Ne cherchons point la perfection des arts dans les républiques trop sévères. Sparte, quoique voisine & rivale d'Athènes, poussa la négligence des arts jusqu'au mépris. Son législateur sévère défendit à ses farouches habitans de s'occuper des plus simples notions des arts ; une hache & une scie étaient les seuls instrumens dont il leur fut permis de se servir pour leurs besoins, & jamais aucun délassement, aucune jouissance procurée par les arts, ne vinrent adoucir l'austérité de ces hommes fiers & indépendans.

Les Athéniens, plus relâchés dans leurs principes, ne crurent point qu'il fallût renoncer aux jouissances pour être heureux ; ils suivirent leur penchant, & leur goût pour les plaisirs devint le véhicule qui les conduisit à la perfection des arts.

Il en fut ainsi des Romains. Tant que la république conserva son antique sévérité, les arts y restèrent dans la barbarie ; ils ne commencèrent à y être considérés que lorsque les richesses amenèrent le goût des plaisirs, & le relâchement des principes de Numa. Le général, qui, après avoir sauvé la république, allait cultiver son champ & vivre de légumes, devait être aussi peu sensible aux douceurs que procurent les arts, que peu propre à encourager les artistes. Mais le proconsul, qui revenait comblé de richesses qu'il avait extorqués à des peuples vaincus, & qui ne revenait à Rome que pour les dépenser dans le luxe & la mollesse, devait accueillir avec transport des hommes qui venaient augmenter ses jouissances par leurs découvertes & leurs talens. Alors les artistes furent estimés, les temples y prirent des formes plus augustes ; on vit des palais sans nombre sur ce sol qui n'avait été jadis couvert que de chaumières : les statues, les cirques, les théâtres, les arcs triomphaux, embellirent la souveraine du monde, jusqu'au moment où elle éprouva le sort fatal qu'elle avait fait éprouver aux autres peuples.

Dans

Dans des tems plus modernes, des despotes Orientaux, après avoir incendié les dépôts des connaissances humaines, furent encore en Grèce porter la dévastation sur ces restes magnifiques qu'avait épargnés la faulx du tems; leur masse & leur solidité ne les defendirent pas des mains de ces barbares. Les Turcs achevaient encore la ruine de ces monumens, pendant que Louis XIV. qui régnait sur les Français encore plus par l'opinion que par la puissance, redonnait aux arts le lustre qu'ils avaient perdu.

Ainsi donc, le despotisme, & les républiques trop sévères furent également ennemis des arts; tandisque on les a vus dans une monarchie, portés au plus haut point de splendeur où ils ayent été depuis les Grecs.

Depuis François Ier., la Sculpture était restée en Europe dans une sorte de médiocrité; cependant plusieurs de ses successeurs, en continuant à protéger cet art, lui donnèrent une partie de cette impulsion qui le porta à ce degré de splendeur où il parvint sous le règne de Louis XIV.

L'éducation de ce prince, né dans les troubles politiques, fut extrêmement négligée, & lorsqu'il fut élevé sur le trône, la flatterie vint étouffer une partie des germes heureux dont la nature avait doué son esprit. Mais son goût pour le luxe,

luxe, la magnificence, & la gloire ayant été le mobile de toutes ses actions, il protégea, de la manière la plus flatteuse & la plus honorable, les artistes qui se présentèrent en foule pour immortaliser son règne, & la Sculpture qui n'avait fait que peu de progrès depuis François Ier., en fit alors de très rapides.

On a souvent comparé le siècle d'Auguste, avec celui de Louis XIV. ; ils eurent effectivement de grands rapports sur beaucoup d'objets ; mais quelle supériorité n'eût pas le dernier, surtout à l'égard de la Sculpture ! Dans le premier, l'art était sur le penchant de sa ruine, & le goût s'altérait à côté des modèles. Dans le dernier, les artistes étaient sur la bonne voie, les grands maîtres appréciaient le goût des Grecs, & cherchaient à l'adapter à leur siècle.

Celui qui cherche la vérité, en est plus près que celui qui a pu une fois la méconnaître ; aussi vit-on alors des chef-d'œuvres sortir de la main de quelques artistes.

Il faut le dire : l'artiste doit avoir cette estime de lui-même, sans laquelle il n'a jamais le parfait sentiment du beau.

L'artiste Romain ne voyait dans Auguste qu'un heureux usurpateur ; la flatterie, ennemie de toute

toute grandeur d'âme, devient bassesse, lorsqu'elle est prodiguée à l'homme qu'on méprise. Il n'y avait pas un Romain, qui n'eût à reprocher à Auguste le sang d'un de ses proches ou de ses amis ; les Romains l'avaient vu parmi la classe ordinaire de leurs concitoyens ; sa domination devait être insupportable à tout homme qui avait de l'âme & des sentimens élevés. Il eut à la vérité des grandes qualités, mais pouvaient-elles effacer les reproches que les Romains avaient à lui faire ? il fut cependant environné de flatteurs ; Virgile lui-même, Virgile ce poëte immortel, n'osa jamais dans aucun de ses ouvrages proférer le nom de Cicéron, parce qu'il fut l'ennemi d'Auguste. Les artistes furent imbus de ce même esprit de servitude, qui ne pouvait avoir que des suites fatales pour le progrès des arts.

Louis XIV. issu d'un sang auquel l'habitude de plusieurs siècles avait imprimé le respect, régnant sur un peuple qui s'identifiait avec la gloire d'un monarque qui remplissait l'Europe de son nom ; ce prince devait avoir des avantages dont Auguste n'était pas susceptible. L'artiste pouvait seconder la rénommée sans avoir à rougir, & accepter, avec honneur & reconnaissance, des dons que son Souverain lui faisait de sa propre main, avec autant de grâces que de magnificence.

Telles furent les principales causes qui donnèrent de la supériorité au dernier siècle sur l'ancien.

Mais le goût dominant étant la règle de la plûpart des artistes, & en France le goût général étant celui de la Cour, il en résulta que les idées de grandeur & de magnificence de Louis XIV., qui furent souvent dénuées de justesse & de convenances, nuisirent infiniment aux progrès de l'art. Partout où il voulut guider les artistes, ils firent des fautes. On vit ses statues travaillées par des artistes dignes des plus beaux siècles de la Grèce, réunir, au mépris de toutes les convenances, une partie du costume Grec, avec la coëffure ridicule de son tems, & quelquefois des armures Romaines. Jamais rien de simple ni de naturel, toujours des attitudes théâtrales, & maniérées. On voyait dans des sujets tirés de l'histoire de son tems & de ses conquêtes, un mélange confus d'attributs militaires de plusieurs âges ; la massue d'Hercule, le casque d'Alexandre, l'aigle & le bouclier Romains, composèrent des trophées avec des canons, des fusils & des tambours.

On aura beau objecter que ces armures faisaient plus d'effet, que ce costume était plus beau,

beau, qu'il prêtait beaucoup plus à l'artiste ; toutes ces raisons n'empêchent pas que ce ne soit une sorte d'anachronisme auquel le goût & le bon sens doivent répugner. Changez vos costumes, s'il le faut ; quand on veut perfectionner un art, il faut perfectionner tout ce qui peut conduire à ce but, mais certes, on n'y arrive pas par des inconvenances.

Des compositions si ridicules & des idées aussi fausses, ne pouvaient avoir que des suites funestes, & influer sur le goût de l'artiste, dont le génie s'égarait dans ce dédale d'inconséquences qui plaisaient au Souverain, qui avait plus de magnificence que de jugement.

De grands artistes cependant se prêtaient à toutes ces fantaisies ; ils avaient trop d'esprit & de connaissances, pour n'en pas sentir le ridicule ; mais ils voulurent plaire au prince dont le goût avait été gâté par de mauvais instituteurs. C'est ainsi que des artistes, qui n'ont pas le courage d'affronter le mauvais goût de leur siècle, nuisent aux progrès de l'art, au lieu de l'avancer.

L'architecture mérita souvent les mêmes reproches. Au lieu de suivre les principes & l'élégante sévérité des Grecs que Perrault avait si bien saisis, & dont il avait donné de si belles preuves, on éleva des monumens où le goût de Louis XIV. fut presque toujours imprimé. Les Mansard, quoique avec du génie, ne composèrent jamais sans faire de grandes fautes; leur plus grand mérite fut de plaire au prince dont ils flattaient le goût. Les Français admiraient avec transport le palais de Versailles & le dôme des Invalides, pendant que le péristyle du Louvre restait oublié. Il fallut qu'un étranger appellé par Louis XIV., que le Bernin, rendit à ce superbe monument l'hommage qu'il méritait, pour qu'on commençât à en appercevoir les beautés.

Etant obligé, en composant cet essai, d'attaquer des préjugés qu'un long espace de tems a consacrés, je dois prévenir que je n'écris point pour ces amateurs du merveilleux, qui n'estiment une chose que par la peine qu'elle a couté, qui admirent ou blâment sans connaissances, à qui l'étonnement suffit, & qui n'admirent le plus souvent que sur la parole des autres. J'écris pour le petit nombre de ceux qui ont de la sensibilité, des idées justes, & qui, après s'être livrés au sentiment de l'admiration, sont empressés de rechercher les causes qui les ont entraînés. Je m'adresse principalement aux artistes; il en est dont je recevrai les avis avec beaucoup d'empressement, & avec d'autant plus de plaisir, que l'honnêteté & la simplicité sont

presque

presque toujours compagnes du talent. Je m'adresse à ces hommes destinés au rétablissement de la perfection de l'art. Je sais qu'il en est qui discuteront mes idées, sans préjugés ni prévention, & à qui ma sévérité ne déplaîra pas.

Il est donc nécessaire, quand on a pour but le perfectionnement d'un art, de savoir affronter tous les préjugés qui peuvent y nuire.

Il paraît démontré par tout ce qui nous reste de l'architecture (3) des Grecs, qu'ils n'entassèrent jamais les ordres l'un sur l'autre. Pendant long-tems, un seul leur suffit. Quand dans la suite ils en inventèrent deux autres plus légers & plus ornés, ce ne fut que pour les employer séparément pour différens motifs. Ils déterminèrent le poids qu'une colonne pouvait porter, non pas physiquement & à la rigueur, mais avec grâce, convenance & satisfaction pour l'œil. Ils ne crurent pas, comme les Goths & tant d'autres, qu'un édifice dût sa principale beauté à sa hauteur; de sages proportions furent toujours leur règle, & la hauteur de leurs monumens se terminait au point où l'œil pouvait y perdre. Ils crurent la surface de la terre assez grande, pour ne pas entasser les étages sans nécessité, & tout chez eux fut raisonné & calculé.

Les Romains, comme je l'ai déjà dit, changèrent ces principes, lorsqu'ils commencèrent à bâtir des amphithéâtres qui exigeaient une excessive hauteur. Les trois ordres des Grecs ne leur suffisant pas encore, ils en inventèrent deux autres. Un mauvais exemple devient pernicieux, surtout dans un moment où le goût se perd ; celui-là ne tarda pas à avoir des suites funestes qui se renouvellèrent au 15ème siècle ; les monumens se trouvèrent presque tous alors infectés de ce mauvais goût. Le merveilleux en tous genres est toujours ce qui plaît le plus à la multitude ; mais il est aisé de démontrer, aux artistes de bonne foi, la fausseté de ce principe.

La plûpart des artistes modernes ne se sont pas apperçus qu'un ordre d'architecture nécessite l'existence, & détermine la hauteur d'un étage. Plusieurs artistes ont multiplié les ordres au frontispice d'un temple qui n'a intérieurement qu'un étage. Des admirateurs sans goût, & sans réflexion, ont contribué à renouveller cette méthode qui viole les vrais principes.

Il était tout simple en entassant les ordres de faire porter les plus légers par les plus solides ; voici cependant ce qui est arrivé en suivant cette méthode.

En faisant les étages de la même hauteur, les ordres, à mesure qu'ils s'élèvent, ayant un module

de

de plus, doivent s'amincir à proportion. Les espacemens s'élargissent par l'effet de la diminution des colonnes, dont la hauteur se raccourcit progressivement par un effet de l'optique. Les ornemens étant plus compliqués & plus délicats, à mesure que les ordres s'élèvent, pour les convenances de chaque ordre en particulier, & les statues de couronnement ne devant être proportionnées qu'au module de l'ordre qui les porte ; tous les ornemens se trouvent, de cette manière, posés en raison inverse de l'organe de la vue, pendant que les membres d'architecture le sont en raison composée des poids & des masses.

Il est impossible de se persuader que les Grecs, qui ne commirent pas même les plus petites fautes dans la composition, eussent mis ainsi en contradiction les règles de la statique avec celles de l'optique.

Je m'attends bien qu'on me reprochera de faire la critique de beaucoup de monumens qu'on a trouvés, & qu'on trouve encore superbes ; qu'importe, si j'ai raison ? je le laisse à décider à ces hommes sans prévention, qui n'ignorent pas plus que moi, qu'on a vu quelquefois plusieurs générations de suite admirer des erreurs. On me reprochera peut-être, qu'en voulant rendre distincts tous les ornemens de l'architecture, je borne

l'élévation

l'élévation des édifices de grand style. Je répondrai, qu'on n'a qu'à composer sur un plus grand module, les ornemens y étant proportionnés n'y perdront rien, & les monumens acquerront plus de noblesse, de majesté & de grâces, les véritables grâces n'étant que l'accord parfait des parties d'un tout.

Je préviens que je ne parle point ici de l'architecture civile & particulière, à laquelle la nécessité a donné d'autres loix.

L'immortel Perrault, fidèle aux principes que j'énonce, ne fit jamais de telles fautes ; injustement attaqué par un satyrique mordant qui avait avec lui une querelle particulière, il répondit à cette critique comme devait le faire un grand homme : il éleva la colonnade du Louvre.

On peut lui reprocher d'avoir posé ce superbe monument sur un soubassement d'un style trivial ; il voulut sans doute attirer toute l'attention du spectateur sur la beauté du péristyle, mais sa modestie le trompa ; ce chef-d'œuvre ne pouvait rien perdre, & l'harmonie pouvait être plus complète.

Il fut néanmoins dans son genre le plus habile artiste du siècle de Louis XIV ; personne ne sacrifia moins que lui à la mode & aux préjugés du tems ; tous ses ouvrages dénotent le goût le plus exquis & les idées les plus justes. La sévérité de ses principes fit préférer à lui des artistes qui étaient

étaient bien loin de le valoir ; & si Louis XIV. eût eu le goût aussi juste qu'il avait les idées grandes, *Versailles* serait le plus beau monument que les hommes eussent élevé.

Mais combien de chef-d'œuvres ne vit-on pas sortir de la main de ces artistes qui, secouant tous les préjugés, donnèrent un libre essor à leur génie ? Les sujets modernes leur paraissant dénués de ce respect qu'imprime le tems sur les grandes choses ; les costumes de leur tems ne leur présentant que de la sécheresse, & ne leur offrant ni mouvement, ni grâces ; ils eurent recours à des sujets en faveur desquels l'imagination était déjà disposée par de grands souvenirs.

Girardon força les ignorans & les savans à admirer l'intéressante beauté de Proserpine, contrastant d'une manière merveilleuse avec la mâle austérité de Pluton.

Le Pujet fit revivre dans Milon de Crotone, ce beau caractère de douleur physique, dont le Laocoon antique avait été pour nous jusqu'alors le seul grand modèle. Savant dans l'anatomie, grand & noble dans ses idées, profond dans la connaissance des passions, cet inimitable artiste ne fit que des chef-d'œuvres.

Le Pautre, cet homme de génie à qui rien n'échappait, élevé dans l'étude de l'antique, sai-

sissant

sissant toujours avec justesse l'esprit du sujet qu'il avait à traiter, consacra son ciseau à célébrer les sentimens les plus chers au cœur humain. Méprisant la fade adulation, & se trouvant investi de préjugés qui commençaient à peine à se dissiper, il s'élança dans les beaux siècles de la Grèce. Il représenta ses héros, comme Homère les faisait penser, agir & parler. Cet habile homme réunit dans un seul groupe les trois âges de la vie les plus intéressans. Quelle noblesse, quelle vérité dans le mouvement d'Enée qu'il a représenté dans toute la force de l'âge viril! quelle connaissance du costume antique, quel superbe détail dans son exécution ! avec quelle touchante vérité il rendit cette douleur mâle & héroïque, à travers laquelle on apperçoit la satisfaction de sauver ce qu'il a de plus cher ! Quelle expression dans ce vieillard qu'il porte sur ses épaules ! Son visage auguste, sur lequel le tems a imprimé ses traces, rend avec une vérité inimitable l'expression de la douleur & de la plus tendre reconnaissance. L'âge, qui est exprimé sur sa noble figure, l'est avec une égale vérité jusques sur les dernières parties des extrémités. Et cet enfant que le héros conduit par la main, quelle grâce, quelle mollesse dans ses formes ! quelle touchante expression dans sa figure ! il semble verser des larmes, & suivre son père à pas précipités, en jettant un dernier regard sur sa

mal-

malheureuse patrie. L'antiquité n'a rien produit de plus beau dans ce genre.

Coyzevox, Coustou & plusieurs autres dignes émules de ces grands artistes, prouvèrent, quand ils se livrèrent à leur seul génie, que l'art des Phidias & des Praxitelles pouvait encore revivre, du moins dans le genre & les parties que peuvent comporter les siècles modernes ; & si l'on eût à cette époque fondé une académie en France, où tous les moyens que les circonstances offraient eûssent été employés, nous n'aurions peut-être plus rien à regretter.

Louis XIV. ne vit que lui dans les encouragemens qu'il donna à la Sculpture. Il négligea une partie des moyens qui eussent assuré des succès plus grands pour la postérité, & les talens des artistes de son siècle ne produisirent pas tous les fruits qu'on devait en attendre.

Les grands progrès que fit la Sculpture sous le règne de Louis XIV. peuvent être attribués à plusieurs causes.

Lorsque ce prince monta sur le trône de France, l'art de la Sculpture était déjà très-florissant en Italie. Les souverains de ce beau pays, si favorable aux arts (4), suivirent l'exemple des *Médicis* dans les soins qu'ils se donnèrent ; ils consacrèrent à la restauration de cet art des sommes considérables, & ils entretinrent toujours l'émulation parmi les artistes, qui jouissaient dans leur patrie de la plus grande considération. Les grands maîtres du siècle de Louis XIV. furent étudier à Rome, sur les beaux restes de l'antiquité qu'avaient recueillis les souverains de cette ville célèbre. Ils acquirent dans les écoles de Rome, ce goût de l'antique, cette manière large & simple, cette pureté de dessin, ce naturel dans les poses, ce beau choix des sujets, cette harmonie dans les groupes, & cette sévérité, & cette facilité d'exécution, qui caractérisèrent les artistes de ce beau siècle.

La France même, depuis François Ier, possédait quelques monumens propres à faire naître le goût des arts, & à mettre les artistes sur la bonne voie.

L'Italie, depuis le quinzième siècle, avait produit de grands poëtes ; ils servirent en partie à former ceux que la France possédait sous Louis XIV. La mythologie des Grecs, & les ouvrages d'Homère, furent les sources où ils puisèrent les uns & les autres leurs plus sublimes idées ; ils les communiquèrent aux artistes, & ce poëte unique fut peut-être encore près de trois mille ans après sa mort, une des principales causes de la restauration des arts.

Tout concourait donc à faire espérer de grands progrès ; il ne fallait que développer les moyens que les circonstances présentaient. Louis XIV arriva à cette heureuse époque ; il n'eut qu'à le vouloir, & la Sculpture fut portée en France à une perfection inconnue à tous les peuples modernes.

Il paraît probable que ces grands progrès furent moins dûs aux connaîssances que ce prince avait sur cet art, qu'au genre d'encouragemens & de protection qu'il accorda aux artistes. Le véritable artiste doit avoir l'âme fière & les sentimens nobles ; les faveurs distinguées qu'il recevait de son roi, chez un peuple qui en était idolâtre, devait le placer au premier rang des sujets ; & les dons généreux auxquels ce prince savait donner tant de prix par la manière de les accorder, ne laissaient à l'artiste que des souvenirs flatteurs & glorieux. Amant de la gloire, & flattant sans cesse la renommée, ce prince distingua toujours parmi ses courtisans, ses généraux, les écrivains & les artistes, & ce fut pour eux seuls qu'il se permit la familiarité ; il suppléa ainsi à une partie des institutions & aux autres causes qui manquaient, en faisant naître le genre d'enthousiasme auquel le Français était le plus sensible.

Pour fixer le degré d'influence qu'ont eu sur les arts leurs plus célèbres protecteurs, on peut remarquer ceux qui parurent à trois époques principales.

Alexandre parut en Grèce, non seulement dans un tems où les arts étaient sur la voie de la perfection, mais encore où les circonstances les plus heureuses devaient nécessairement la fixer dans ce pays fortuné. Il ne fit qu'accélérer cette perfection.

Auguste naquit dans un moment où les arts penchaient vers leur décadence, par ses efforts & ses soins il ne fit que la retarder.

Louis XIV. arriva dans un tems où les arts tendaient à une restauration prochaine ; ses soins accélérèrent & fixèrent en France le plus haut degré de splendeur où ils aient été chez les modernes.

Le siècle de Louis XV. vit décheoir la Sculpture ; les artistes perdirent de vue les principes de leurs maîtres. Ce siècle fut celui de la mode : ce fléau, le plus funeste qui puisse affliger les arts, répandit ses malignes influences sur tous les genres de la Sculpture. Le mauvais goût se répandit à la fois sur presque tous les arts & tous les genres de littérature. Un très-petit nombre d'auteurs & d'artistes sut s'en préserver ; ils auraient pû servir de phares lumineux dans ce naufrage général ; mais la plûpart, sans génie, aveuglés par le goût du moment, ne surent jamais les

prendre

prendre pour point de vue. La politesse, vain simulacre des vertus sociales, était poussée jusqu'au ridicule ; les expressions du désespoir ou du bonheur suprême, étaient prodiguées pour des sujets qui ne méritaient pas même la plus légère attention ; presque tous les ouvrages étaient sans couleur & sans énergie ; les auteurs croyaient racheter le manque d'idées par un verbiage entortillé qu'on appellait de l'esprit ; dans les cercles, des sujets oiseux & puériles étaient le fonds d'un genre de conversation, à travers laquelle l'observateur démêlait l'égoïsme le plus froid sous le nom de philantropie.

D'un autre côté, par le contraste le plus bizarre, les hommes de cabinet étaient ensevelis dans les sciences les plus abstraites. La physique, la géométrie, la chymie, la médecine, la méchanique & l'astronomie, allaient fouiller dans les derniers replis de la nature, & soumettaient à la démonstration des choses dont on n'avait pas même jusqu'alors soupçonné l'existence.

Quels progrès pouvait espérer la Sculpture entre ces deux classes d'individus qui formaient la société ? les uns, incapables de s'enflammer, restaient plus froids à la vue du beau, que les monumens qu'ils avaient sous les yeux : les autres, pleins de leurs idées, ne voyaient dans le marbre & dans le bronze, que du poids, des masses, des

élémens

élémens & des composés. Que pouvaient être les allégories des Grecs, pour des hommes qui avaient réduit les systêmes les plus spirituels au seul mouvement de la matière ? Que pouvait être le dieu du soleil pour des hommes qui avaient découvert que cet astre enflammé répandait de trente millions de lieues ses influences sur une planète qui tournait autour de lui ? sur quoi pouvait s'exercer le génie de l'artiste dans un pareil siècle ? à qui pouvait-il plaire ? qu'y avait-il de commun entre ces hommes & lui ? Phidias lui-même, s'il fût revenu parmi eux, eût jetté son ciseau d'indignation, & eût revolé au séjour des ombres.

Les écrivains dans chaque siècle ont toujours beaucoup influé sur le progrès des arts d'imitation. Sous Auguste, on commençait à ne plus apprécier le beau style de Cicéron ; les orateurs ne trouvant plus à exercer leurs talens, l'éloquence, cet art sublime, qui maîtrise le cœur humain, n'était plus considérée ; Horace fut le dernier des Romains qui donna des leçons de goût ; le style empoulé & métaphorique de Sénèque prévalut, & porta le dernier coup au bon goût.

Sous le règne de Louis XIV., Boileau contribua par ses ouvrages à redresser le goût, & à le maintenir. Cet auteur didactique éclairait les

artistes

artistes en tout genre ; le Sculpteur, dont l'art tient de si près à la poësie, y trouvait des préceptes & des règles sûres ; celui qui avait du génie ne pouvait s'égarer à côté de ce judicieux observateur, & l'on vit alors des chef-d'œuvres frappés au coin de l'élégante sévérité antique.

Sous le règne de Louis XV., aussitôt que ce poëte ne fut plus regardé que comme un versificateur, aussitôt qu'un madrigal fit une réputation, & que le style de la plûpart des écrivains fut insignifiant, la Sculpture subit le sort auquel on devait s'attendre ; les sujets furent mal choisis, les allégories manquèrent de goût & de précision, le merveilleux remplaça la raison, & la Sculpture de l'ornement tint de la folie. Dans l'architecture, on eut horreur de la ligne droite, & des formes régulières ; l'artiste croyait ne pouvoir jamais assez tourmenter la matière qu'il avait à travailler. On en vit pousser la démence dans leurs compositions, jusqu'à être forcés de soutenir par des moyens étrangers, des monumens que les loix de la statique avaient condamnés à crouler.

Par une fatalité qui n'est que trop commune, ce mauvais goût infecta une partie de l'Europe ; l'Allemagne l'a conservé, & a même renchéri sur ces compositions absurdes. A l'exception de quelques monumens que des souverains y ont fait élever par des artistes étrangers, tous les autres semblent avoir été construits par des foux.

L'Angleterre

L'Angleterre vit aussi le goût de ses poëtes influer sur la Sculpture. Le sombre génie de Milton & de Shakespeare, guida les artistes dans la composition de la plûpart des monumens. Le Sculpteur, n'appercevant pas les nuances délicates qui existent entre son art & la poësie, voulut rendre des choses qui ne devaient jamais être exposées sous les yeux. Les monumens funèbres furent mal composés, & la plûpart ne semblèrent destinés qu'à inspirer l'effroi. A l'Abbaye de Westminster (5) un squelette couvert en partie d'un linceuil, sortant d'un cerceuil qu'il vient de briser, menace d'un javelot une jeune femme expirant entre les bras de son mari. Un Sculpteur a placé sur les côtés d'une porte du cimetière de St. James, deux urnes auxquelles des têtes de mort servent d'anses. On voit à l'entrée de l'Hôpital de Bedlam *, deux statues (6) représentant des hommes descendus au dessous de l'état des brutes, au lieu d'emblêmes consolateurs qu'exigeraient des monumens de ce genre.

Les peintres se livrèrent souvent aux mêmes écarts. Plusieurs, parmi eux, croyant rendre hommage au premier de leurs poëtes tragiques, composèrent leurs tableaux d'après ses ouvrages ; ses idées les plus extravagantes furent celles qu'ils se

* Hôpital des Fous.

plurent

plûrent à répéter sur la toile ; ils poussèrent même la témérité, jusqu'à vouloir exprimer sur un tableau les rêves (6) d'un homme dans la démence, parce que le poëte l'avait fait parler dans cette situation.

Quelques artistes cependant maintinrent dans son lustre le méchanisme de l'art. Ils étaient savans dans l'anatomie, ils dessinaient d'une manière hardie & correcte, & maniaient le ciseau avec facilité & fermeté ; mais leurs compositions étaient toujours mauvaises. Je n'en citerai qu'un exemple pris dans le monument le plus célèbre de ce tems-là.

M. Pigal le père a déployé dans le mausolée du Maréchal de Saxe un grand talent d'exécution ; pourquoi faut-il qu'il ait employé autant de tems & de travail, à composer un monument qui ne peut jamais produire un bel effet ?

Le sujet de ce mausolée est composé de quatre figures principales. Le Maréchal dans le milieu descend les marches d'un perron, au bas duquel est un sarcophage ouvert où il porte ses pas, en regardant la mort qui, sous la forme d'un squelette drapé, lui fait signe d'y entrer. La France éplorée est assise sur les marches entre le Maréchal & la mort qu'elle a l'air de repousser, & de supplier d'épargner les jours du héros. A la droite du Maréchal & un peu plus bas, est Hercule appuyé sur sa massue, avec l'air de la plus profonde douleur.

Il est évident que ces figures étant toutes en plein relief & du même module, composent ensemble le même épisode.

Le moindre défaut de cette composition est d'être trop éparse. La Sculpture n'ayant pas les mêmes ressources que la peinture, & ne pouvant pas multiplier autant les figures, doit pour obtenir un bel effet, les grouper davantage.

Un tombeau ne peut jamais comporter l'emphase ni le fracas. Lors même qu'il est élevé par la patrie reconnaissante, à un homme qui a bien mérité d'elle, son genre doit être simple, & son principal motif, l'encouragement de la postérité ; sans cela son but est manqué. Dans tout autre cas, un tel monument doit être encore plus simple, puisqu'il ne peut être érigé que par la reconnaisance particulière, la piété filiale, l'amitié ou l'amour. S'il est élevé par la vanité, ses attributs ne peuvent qu'être déplacés dans un monument dont le premier effet est de rappeller l'instabilité des choses humaines & la briéveté de la vie. S'il est élevé à la vanité du mort, son motif est absurde. Il faut donc absolument que ce genre soit simple & touchant ; il faut rappeller des idées douces & consolantes, & éviter surtout avec soin ce qui peut imprimer des idées de destruction totale.

Non

Non seulement l'artiste ne doit pas chercher à renforcer le sombre effet que produit sur nous la pensée de la mort, mais il doit même éloigner de l'esprit & des yeux du spectateur, tout ce qui peut laisser des souvenirs trop douloureux. Il n'est aucun art qui puisse avoir pour but, d'augmenter des sensations qui répugnent au cœur humain.

Dans tous les sujets, soit historiques, soit allégoriques, l'artiste doit toujours représenter ses personnages, non seulement dans leur caractère distinctif & vrai, mais encore sous leur plus noble aspect. On a pu voir sans inconvenance, & même avec intérêt, Hercule filant à côté d'Omphale, ce triomphe de l'amour sur le héros qui venait de purger la terre des brigands & des monstres, offre un contraste piquant & vrai ; mais Hercule appuyé sur sa massue, & se désespérant comme un enfant lorsqu'il y a des torts à venger, ne peut que jouer uu rôle ridicule & déplacé. On aura beau dire qu'il est là pour signifier que nulle force ne peut résister à la mort ; si l'artiste a voulu absolument répéter uue idée triviale & rebattue, il n'était pas pour cela dispensé des convenances.

Un poëte a pu dire que la mort tranche avec sa faulx sans aucun égard la vie de tous les hommes ; cette idée n'est pas dégoûtante, parce que chacun se la figure comme il veut. Mais quand

 un

un artiste voulant la rendre visible & palpable, met sous les yeux un spectre hideux, il choque évidemment le goût & la bienséance. D'ailleurs un tombeau ouvert & un drap funèbre prêt à ensevelir un homme que l'on voit encore vivant, est une idée barbare. Dans tous les cas, il est absurde de désigner la mort (8) à qui on suppose une volonté, par un squelette privé de tous les organes de la vie.

Dans toute sa composition, ce monument, malgré le charme de son exécution, n'offre qu'un anachronisme (9) & des inconvenances.

Qu'on ne s'y trompe pas : je suis loin de vouloir blâmer le genre allégorique qui ouvre un champ si vaste aux belles conceptions; mais il faut l'employer avec sens. L'accessoire doit toujours être sacrifié au principal. L'artiste qui veut rappeller un héros mythologique pour célébrer par une comparaison celui auquel il élève un monument, doit avant tout observer les convenances. Les bas-reliefs indépendans du sujet principal, & les accessoires allégoriques qui offrent des motifs si ingénieux & si variés, ne laissent aucune excuse à l'artiste inconsidéré qui fait agir, simultanément & dans la même action, des êtres qui n'existaient pas dans les mêmes tems. Le bas-relief qui, dans l'imitation de la nature, offre une gradation de moins que la ronde-bosse, doit être employé

ployé à retracer des souvenirs intéressans, mais éloignés dont l'artiste veut se servir pour renforcer l'opinion avantageuse qu'il veut donner de son héros auquel il doit principalement sacrifier toute la richesse de son art.

Le mauvais goût qui s'introduisit en France sous le règne de Louis XV., ne fut pas de bien longue durée. Les grands modèles qu'avait produits celui de Louis XIV., étaient sous les yeux de tout le monde, & déjà une grande partie de la nation Française les appellait antiques, par dérision ; mais quelques artistes qui surent les apprécier, & qui avaient du génie & des connaissances, redressèrent le goût qui tombait en décadence, & la fin du règne de Louis XV. & celui de Louis XVI. virent refleurir la Sculpture dans toute sa pureté, du moins dans quelques ouvrages.

M. Soufflot *, redonna à l'architecture le beau caractère qu'elle avait perdu. Il composa d'une manière large & savante. Il est le premier qui ait donné, en France, le modèle du genre qui convient à un temple.

MM. Allegrain †, Pajou, Julien, & plusieurs autres habiles Sculpteurs, ne laissèrent rien à dé-

---

* Il est mort depuis 12 ans environ.

† Cet artiste est mort depuis quelques années.

sirer

sirer que de les voir travailler plus souvent. Les circonstances ne leur permirent pas de composer de grands monumens, mais tout ce qui sortit de leurs mains fut marqué au coin du bon goût & des grâces attiques.

M. Moitte, pour le genre & le dessin du bas-relief, ne peut être comparé qu'aux artistes des plus beaux siècles de la Grèce. Il a franchi, d'un seul élan, l'immense espace qui le séparait de ces tems fortunés. La richesse, la variété, la sagesse, la sévérité, & la profonde science de la plûpart de ses compositions, les ferait présumer de l'antique école d'Athènes, si son nom n'y était placé.

Plusieurs architectes ont composé avec goût & sagesse, & ont distribué l'ornement avec choix & intelligence.

Mais malgré l'avantage de possêder des hommes d'un talent si supérieur, il est bien difficile d'indiquer, & encore plus de mettre en pratique les moyens qui pourraient redonner à la Sculpture le lustre qu'elle a perdu. On ne peut que semer des principes généraux qui peut-être germeront un jour; mais dans ce moment, l'esprit de parti & les haines invétérées qui aveuglent l'esprit humain d'une manière d'autant plus durable que leur cause est plus injuste, ne permettent pas d'espérer d'espérer de bien grands progrès dans un art qui aime essentiellement la paix, l'ordre & la justice.

Sans vouloir rechercher les causes de la révolution de France, il suffit d'observer qu'elle a mis tous les esprits hors de leur assiette naturelle. Les uns par l'excès de leurs crimes s'étant privés des ressources du repentir, ne croient appercevoir que dans leur continuité l'espérance de rester impunis ; la crainte qui les tourmente leur fait commettre même des crimes inutiles, de peur d'en oublier de nécessaires, & ils ont réduit leurs concitoyens à leur savoir gré du mal qu'ils ne leur font pas. D'autres, entraînés par des erreurs qu'ils n'ont d'abord pas crues coupables, se sont vûs forcés d'y persister, par le refus que des cœurs ulcérés ont fait d'admettre leur repentir. D'autres, enrichis par le brigandage, ou par des principes destructeurs de l'ordre, de la justice & de la morale publique, se croient obligés d'entretenir l'erreur, pour assurer leurs propriétés. D'autres, impatiens de toute espèce de gouvernement, ont toujours les yeux ouverts & la hache levée, pour tâcher d'abattre indifféremment celui que le crime ou la vertu voudraient fonder. D'autres, toujours victimes, parcequ'ils furent toujours vertueux & faibles, toujours tourmentés, parceque leur probité insultait à la dépravation publique, dépouillés

pouillés de leurs dernières ressources, parce que des pères avaient partagé un pain baigné de larmes, avec des enfans que l'injustice & la violence avaient forcés de fuir sur une terre étrangère. Enfin un peuple immense, égaré, abusé, ayant vu succomber tour-à-tour comme criminels, des hommes qu'il croyait ses défenseurs ; un peuple forcé par le fer, à abjurer la religion de ses pères ; un peuple qui a vu donner à des crimes inouïs, les noms sacrés de patriotisme & de vertu ; un peuple enfin qui, aspirant à la liberté, a scellé de son sang & de ses larmes, le code de la servitude la plus déshonorante. Telle est la plus grande partie des hommes qui habitent ce beau pays, où le génie des arts, expatrié de presque toute l'Europe, se fixa pendant près d'un siècle, & fit produire des chef-d'œuvres, aux hommes qu'il inspira.

Que peut-on espérer des artistes qui l'habitent encore dans des circonstances aussi critiques ? Ces hommes dont le génie impatient n'attend que de grands événemens à célébrer, seraient-ils assez lâches pour travailler à immortaliser le crime ? Qu'ils se rappellent les principales causes de la décadence de l'art chez les Romains, ils verront que les circonstances présentes, sont encore plus défavorables. Que ne doit-il pas résulter

de

de funeste relativement aux arts, des institutions de ces hommes irréfléchis qui gouvernent la France ? Tout a été mis par eux, en contradiction avec les mœurs, les usages & le génie particulier de ce peuple ; aussi n'ont-ils recueilli que le rire du mépris, quand ils ont voulu instituer des fêtes publiques qui, n'étant liées à aucune de ses affections, ne lui ont rien offert de sacré, de respectable, ni d'intéressant. Les fêtes & les réjouissances publiques, annoncées & exprimées autrefois par le bronze meurtrier qui tonne dans les batailles, & par le bruit confus & discordant de ces masses d'airain élevées dans les nues, pouvaient offrir quelque chose de barbare, aux hommes qui avaient l'imagination & l'oreille délicates ; mais cette manière d'émouvoir les organes un peu durs des peuples modernes, était du moins liée à des usages civils & religieux.

Mais lorsqu'on a voulu, sous prétexte d'imiter les Grecs & les Romains, instituer des fêtes religieuses chez un peuple dont on avait détruit la religion ; lorsqu'on a vu des prostituées y chanter & y danser, à l'instar des chastes filles de Sparte, autour d'un char grotesque portant une ridicule figure du soleil (10) attachée à une colonne branlante ; lorsque pour célébrer la mémoire d'une victoire, on a fait courir dans un champ par l'appât d'une vile récompense des

 hommes

hommes de la dernière classe du peuple bizarrement travestis, & qu'on a prétendu rappeller le souvenir d'Alcibiade remportant le prix des Jeux Olympiques, par l'imitation d'un postillon piquant les flancs d'un cheval de louage ; alors toutes les convenances étant violées, on n'a fait qu'ajouter, à la sanglante tragédie de la révolution, une farce stupide ; cette absurde parodie des Grecs, n'a excité que le mépris d'un peuple qui se demandait quel pouvait être le sens de ces institutions ; & l'homme raisonnable à qui il restait un peu de goût, s'en allait, le rire Sardonique sur les lèvres, appréciant à leur juste valeur ces hommes semblables à des nains qui, voulant porter des habits de géants, en laissent traîner une partie dans la boue.

Gardez vous, admirables artistes, que la stupide fureur révolutionnaire a épargnés, gardez vous d'employer vos talens pour un peuple qui, dans ce moment, est incapable de les apprécier. Je sais que vous êtes sûrs de plaire à ces hommes ambitieux dont vous flatterez les passions dominantes ; mais songez que le moindre défaut de vos ouvrages, sera de voiler l'injustice sous de pompeux attributs ; la postérité refusera son estime & son admiration à des conceptions qui seront désavouées par la vérité, & par ces sentimens délicats dans lesquels le cœur humain trouve ses plus douces jouissances. Méditez, & travaillez encore dans le silence ; vous avez de grands moyens d'observer les passions dans leur jeu exagéré ; mais surtout, quelles que soient vos opinions politiques, ne perdez jamais de vue que le beau, en tout genre, a pour base le juste, le vrai & le moral. Il est permis de tout espérer d'artistes tels que vous, quand vous saisirez le moment favorable.

Mais je n'apperçois en ce moment dans toute l'Europe, que difficultés & empêchemens au progrès de l'art.

L'Italie, accablée sous le poids d'une guerre révolutionnaire, & découragée par la spoliation des antiques chef-d'œuvres qu'elle avait arrachés à la barbarie, ne peut plus s'occuper de long-tems de la restauration de l'art.

L'Allemagne, éprouvant aussi les funestes effets de la guerre, & obligée d'ailleurs de revenir aux premiers principes, si elle avait la prétention de posséder un jour de bons artistes, n'est pas encore pour nous un grand objet d'espérances.

Les Etats du Nord, ayant toujours emprunté des climats tempérés le peu qu'ils possédent de cet art, paraissent ne devoir jamais jouir que par réfraction des influences du génie.

L'An-

L'Anglais, qu'un Gouvernement sage a rendu le plus heureux & le plus florissant des peuples modernes ; qui a vu les événemens qui ont ébranlé les trônes de l'Europe affermir le sien, & qui offre, pendant la guerre, la prospérité des peuples paisibles ; l'Anglais, malgré ces avantages, n'a pas vu fleurir chez lui la Sculpture, à un degré éminent. S'il est le modèle des peuples sages, il n'est point encore celui des peuples artistes. L'Anglais cependant, avec de la raison & du génie, a chez lui des élémens propres à pousser très-loin l'art de la Sculpture.

Les causes qui l'en ont empêché, peuvent être apperçues, dans un esprit de commerce, qui a tourné toutes les vues de ce côté essentiel à sa prospérité & à son existence ; dans la simplicité de son culte religieux, qui a retranché de la religion Catholique, ce qu'elle a d'extérieur & de pompeux ; dans le manque d'académies, encouragées & protégées d'une manière spéciale ; dans l'habitude qu'ont les particuliers riches & aimant les arts, de passer la plus grande partie de l'année dans des maisons de campagne, où ils ont rassemblé les chef-d'œuvres de la Sculpture antique. Les Anglais riches & bien élevés, aiment à voyager ; c'est en se livrant à ce goût, qu'ils acquièrent ce tact fin & delicat qui les distingue. Les préjugés nuisibles se détruisent dans un esprit juste,

juste, par le rapprochement des préjugés des autres peuples, & les hommes qui ont voyagé avec fruit, sont presque toujours les plus intéressans. La plûpart de ces Anglais ont consacré dans leurs voyages des sommes immenses à acquérir, avec autant de choix que de magnificence, les plus beaux morceaux de l'antiquité. Mais ces chef-d'œuvres, disséminés sur la surface de l'Angleterre, sont presque nuls pour le progrès de l'art de la Sculpture. L'artiste qui voudrait s'instruire d'après ces modèles, ferait plus de voyages & dépenserait plus d'argent, qu'il n'en eût fallu pour les étudier avec plus de fruit, sur les lieux d'où ils furent amenés.

Telles peuvent être en partie, les causes qui ont nui en Angletetre, au progrès d'un art qui n'attend, pour se perfectionner, que le développement des moyens que renferme le génie d'un peuple qui seul en Europe a conservé un grand caractère, & qui plus qu'aucun autre, montre un patriotisme fondé sur des principes d'ordre, de justice, & de morale.

Ainsi, l'état actuel de l'Europe étant contraire au perfectionnement des arts ; l'Angleterre, malgré de grands inconvéniens, paraît être le pays le plus propre en ce moment à leur servir d'asile.

Mais

Mais malgré cela, c'est aux artistes en général, & aux gouvernemens quels qu'ils soient, que je dois m'adresser. Ce ne peut être qu'en rappellant des principes généraux trop long-tems perdus de vue, qu'on peut espérer de voir renaître la splendeur de cet art ; je laisse à l'artiste qui a du génie & du goût, le soin de les appliquer, quels que soient sa patrie & son gouvernement.

Tous les gouvernemens peuvent être plus ou moins propres aux arts ; il ne s'agit que de savoir déployer avec intelligence, les données qu'ils présentent. Les Grecs étant le peuple chez qui ces circonstances heureuses furent en plus grand nombre, furent aussi celui qui atteignit à la perfection. Il me semble donc, puisque leur supériorité est reconnue & avouée, que le meilleur moyen d'y atteindre, est de les prendre immédiatement pour modèles.

Mais la plûpart de leurs avantages n'existant plus, il faut y suppléer par d'autres moyens.

Il est impossible de nous dissimuler que les influences de leur mythologie ont perdu pour nous une grande partie de leurs effets ; que celles de leur climat nous sont plus ou moins refusées ; que les dialectes modernes, composés de plusieurs langues, n'ayant aucuns principes fixes, &

ayant

& ayant perdu cette précision, cette clarté, & cette énergique briéveté qui caractérisaient la langue Grecque, l'éloquence & la poësie n'ont plus les mêmes moyens d'électriser l'âme, & de lui faire concevoir de grandes choses.

Des institutions sagement combinées avec le génie des peuples modernes, pourraient rendre aux arts de grands moyens qu'ils n'ont plus.

Il me paraît, qu'il faudrait fonder des académies où l'on reçût avec honneur & distinction, les jeunes gens qui se sentent appellés à professer l'art de la Sculpture.

Qu'il faudrait, avant de leur mettre le ciseau entre les mains, les instruire sur l'histoire ancienne & moderne, leur faire naître le goût des Belles-Lettres, les familiariser avec la poësie, dont le discours mesuré imprime les grands sentimens d'une manière plus forte & plus durable.

Qu'il faudrait les entourer d'objets faits pour les émouvoir; que des chef-d'œuvres de tous les arts frappassent sans cesse leurs yeux; que dès leur plus tendre jeunesse, le beau enflammât leur imagination, en y pénétrant par tous les sens.

Il faudrait qu'une musique mélodieuse & tendre disposât leur enfance à avoir des affections douces & sensibles; que dans un âge plus avancé, une harmonie savante, renforçant les effets de cet art enchanteur, soutînt quelquefois pendant le travail leur imagination exaltée.

Il faudrait que leurs jeux même fûssent faits pour leur inspirer le sentiment des grandes choses.

Il faudrait que leur imagination fût imbue du fanatisme de cet art, avant de leur donner les notions sèches & dégoûtantes, qui cependant sont d'une nécessité absolue pour parvenir à la perfection ; ils n'y verraient alors qu'un véhicule pour arriver à la gloire, & ils surmonteraient facilement ces difficultés.

Il faudrait qu'on pût instituer au moins pour eux des exercices, où ils pûssent voir le mouvement & le jeu de toutes les parties du corps humain ; & qu'on leur donnât les moyens de travailler d'après nature sur d'excellens modèles en tous genres.

Il faudrait leur donner une notion de tous les arts ; rien de ce qui les concerne ne doit leur être étranger ; le maître doit cependant leur laisser l'idée de la prééminence de celui qu'ils doivent cultiver.

Il faudrait qu'une vile parcimonie ne présidât jamais à leurs dépenses personnelles, & qu'ils n'eûssent jamais surtout l'inquiétude de la pauvreté.

Il faudrait faire naître parmi eux l'émulation par des récompenses qui élevassent l'âme, sans favoriser l'avarice.

Il faudrait charger de leur instruction, des hommes de mœurs douces, d'une probité reconnue, savans sans morgue, d'un âge où les passions ne fûssent point encore amorties, d'un esprit juste & pénétrant, capables de s'attacher à leurs élèves, & surtout pénétrés eux-mêmes de la vérité & de la dignité de ce qu'ils enseigneraient. Je voudrais qu'ils leur fissent aimer leur patrie par dessus tout; cet amour fut toujours le plus beau motif des grandes choses. Je voudrais qu'en les entretenant d'idées libérales & grandes, ils s'appliquâssent surtout à les rectifier dans leur esprit.

Il faudrait peut-être que les hommes chargés de présider à ces académies, ne fûssent pas artistes eux-mêmes, mais que leur génie & leur sagacité fûssent reconnus par les maîtres qui enseigneraient d'après leurs principes. Ce serait peut-être le moyen de faire disparaître ces méthodes d'école, cette manière particulière de *faire*, qui a presque toujours caractérisé défavorablement le genre de chacune.

Il faudrait, quand les jeunes artistes sont parvenus à une certaine force, & qu'ils sont en état

 de

de juger par eux-mêmes, les faire voyager, & que le gouvernement, par de grandes distinctions, disposât en leur faveur l'opinion des peuples chez qui ils voyageraient.

Des artistes, élevés ainsi, se perfectionneraient à leur retour, & pourraient devenir un jour des maîtres eux-mêmes capables de joindre les exemples aux préceptes.

Dans les pays où le gouvernement est établi sur des pouvoirs divisés, les particuliers riches & instruits doivent montrer un enthousiasme que le gouvernement ne peut avoir. Eux seuls, comme en Angleterre, peuvent avec fruit enflammer & encourager les artistes, puisque eux seuls sont les dépositaires des trésors de l'art, & faits pour diriger l'opinion. L'artiste qui a du génie aspire plutôt à arriver au temple de la gloire, qu'à celui de la fortune; de grands artistes ont quelquefois associé à leur gloire des protecteurs qu'ils ont rendus célèbres; & le nom de Périclès eût encore passé à la postérité, quand même il n'eût été ni général, ni homme d'Etat.

Dans les gouvernemens où le pouvoir est plus concentré, c'est au chef à s'en charger lui-même. Il n'a pas à craindre d'épuiser ses trésors; le siècle où une couronne de laurier fut une récompense,

pense, vit naître des prodiges ; & lorsque l'Angleterre se crut obligée, pour des services rendus à la patrie, d'accabler un de ses défenseurs des dons de la fortune, elle favorisa l'esprit de calcul, sans faire naître l'enthousiasme.

C'est aux gouvernemens, quels qu'ils soient, à mettre leurs institutions d'accord pour le progrès des arts.

Les institutions ne doivent pas contrarier le génie particulier d'un peuple ; elles doivent avoir pour bases les affections auxquelles il est le plus sensible.

Une religion dominante est nécessaire ; le gouvernement devant y conformer les institutions.

Il faut surtout faire naître l'enthousiasme ; mais s'il doit être inséparable de la raison, il doit encore marcher avant elle. Un écart sublime peut quelquefois nous entraîner, pendant que la raison seule nous laisse froids. Mais autant l'enthousiasme produit de grandes choses lorsqu'il est bien conduit, autant il est dangereux de l'exciter & de le placer sur une fausse route. Son empire absolu, produisant toujours son effet, trompe les hommes aveuglés & prévenus; mais la postérité éclairée, parce qu'elle n'éprouve plus les mêmes passions, détruit le prestige qu'avait produit le faux enthousiasme, & l'erreur paraît dans toute sa nudité.

Et vous, artistes, qui êtes appellés à rendre à cet art sa perfection, vous que la nature doua d'un génie brûlant, ne vous y livrez pas inconsidérément. Méditez, comparez, raisonnez sans cesse. Songez qu'il n'est que trop aisé d'abuser des grandes idées & des grands moyens que les Grecs nous ont laissés. Les idées mythologiques, qui étaient chez eux au point précis où elles pouvaient acquérir toute la force de l'opinion, ont perdu, à travers ce long espace de tems, une grande partie de leur énergie ; prenez en l'esprit sans vous attacher trop à leur imitation précise, & cherchez à adapter à votre siècle, avec raison & intelligence, ce que le leur a produit.

Tâchez que dans vos ouvrages, on n'admire jamais votre adresse ; la difficulté vaincue n'est plus un mérite, si l'on peut s'en appercevoir. Les Grecs ne virent d'abord que la divine spiritualité du Dieu du Soleil ; la matière n'était presque pas apperçue par leurs yeux enchantés, qui voyaient réaliser ce que leur imagination seule avait pu conce-

concevoir ; il fallut que la raison vint leur dire que ce merveilleux ouvrage ne descendait pas des Cieux, pour qu'ils songeassent au talent de l'artiste qui l'avait produit.

Evitez avec soin les idées licencieuses ; ce n'est pas toujours une draperie qui peut les couvrir. La nudité peut inspirer des sentimens délicieux, sans cesser même d'être modeste, & la pudeur doit encore voiler la chaste Diane, quoique nue, & ajouter ainsi un nouveau charme à sa beauté.

Vénus, quoique la déesse & le type de la beauté, ne doit point inspirer de désirs à un simple mortel ; il ne doit sentir auprès d'elle que des influences qui doivent le faire passer subitement du respect, aux extâses de l'amour, auprès de celle que son cœur a choisie.

Songez, en composant, à ce que pourra penser de vous la postérité qui ne connaîtra pas vos préjugés. Les Grecs furent toujours admirables, parce que la vérité éclairait leur génie jusques dans les compositions les plus délicates & les plus abstraites du systême idéal.

L'artiste qui travaille pour la postérité, doit étudier le cœur humain ; c'est au cœur qu'il faut

faut plaire, c'est ce point qu'il faut toucher pour atteindre à la perfection. Si l'artiste sensible consulte le sien, il lui dira que l'admiration la plus irrésistible est celle où l'on arrive par des gradations bien ménagées & des nuances délicates, qui loin d'exclure les grands contrastes, leur donnent, au contraire, un ton de vérité, qui seul peut assurer l'hommage de la postérité.

S'il veut plaire à tous les siècles, il faut surtout qu'il renonce à la mode du sien. Les prejugés changent, mais les grandes affections de l'âme sont toujours les mêmes. Il ne doit donc jamais perdre de vue, que les véritables grâces sont celles qui marchent à la suite de la raison & de la vérité, & que celles là seules sont immortelles.

POST-

POST-SCRIPTUM.

JE sens combien je suis loin dans cet Essai, d'avoir traité, sous tous ses points de vue, un sujet aussi intéressant que celui-ci. Ses différentes parties, si susceptibles d'étendue, pourraient être la matière d'un grand ouvrage.

Je n'ai voulu qu'exposer quelques idées qui m'ont paru nouvelles, & quelques principes dont on n'a pas assez senti l'importance. J'ai voulu donner à penser aux artistes; j'ai tâché de ramener dans la bonne voie ceux qui s'égarent; en indiquant les bases fondamentales de l'art, & en montrant le danger de l'arbitraire, auquel se livre si volontiers l'artiste qui a l'imagination vive. J'ai tâché de faire sentir la nécessité d'une éducation morale & raisonnée, qui apprît à l'artiste à ne rien donner au hazard, à se rendre raison de tout, à se méfier des écarts, & à mettre un frein à son génie.

Depuis long-tems, la plûpart des Sculpteurs, qui savaient dessiner, qui connaissaient l'anatomie, & possédaient le mécanisme de l'art, croyaient savoir tout ce qui leur était nécessaire.

On

On aura rendu un bien inportant service à l'art de la Sculpture, quand on aura dévoilé toute sa partie morale & sentimentale ; ce ne sera jamais que cette partie qui portera l'art à sa perfection. L'artiste qui ne possède encore que la partie du méchanisme, n'est guères plus avancé dans son art, quoique avec plus de peine & de travail, que le musicien ne l'est dans le sien, lorsqu'il connaît les notes de la musique & les règles de la composition. Le vrai but de l'art, est de donner une âme & un motif à ses productions ; il faut le faire servir aux jouissances du cœur humain. Il faut se pénétrer surtout de l'idée, qu'un art est non seulement fait pour imiter, mais encore pour suppléer aux oublis de la nature ; & que par conséquent il doit être pour nous encore plus beau qu'elle.

On trouvera peut-être mes observations sur les Romains un peu rigoureuses ; mais il me semble qu'il suffit que l'art des Grecs, qu'ils avaient sous les yeux, ait déchu entre leurs mains, pour les placer dans un rang subalterne. On peut se passionner encore pour les beautés qu'ils nous ont laissées, mais il faut toujours en revenir à celles des Grecs, qu'ils ont quelquefois méconnues. Le véritable amant qui cherche sa maîtresse, ne s'arrête point à voir folâtrer des bergères parmi lesquelles il ne la voit pas.

Je suis loin de croire que nous soyons toujours destinés à être les imitateurs serviles des Grecs, & que nous ne puissions pas sortir de cette ligne sans errer. Je crois au contraire que les Modernes peuvent arriver à une perfection qui leur soit particulière, quoiqu'il me paraisse indispensable d'en prendre le type chez les Grecs. Mais c'est le flambeau de la raison qui doit éclairer le génie sur cette route difficile.

Les arts ne sont susceptibles que d'une certaine perfection. Ils semblent être destinés, ainsi que tout ce que produit la nature à avoir un accroîssement & une décadence successifs. Le mouvement étant l'essence particulière du génie, l'artiste qui en est doué, & qui arrive à l'époque de la perfection d'un art, ne peut pas se résoudre à n'être jamais qu'un simple imitateur ; tout a été pensé, tout a été exécuté ; impatient de déployer son âme & son génie, il exagère ; il trouve lui-même des imitateurs & des admirateurs. Bientôt ce débordement pousse l'art vers sa décadence, les limites s'effacent, l'arbitraire s'établit, les sectes se forment, & l'art se perd, jusqu'au moment où cette confusion d'idées oblige un siècle plus éclairé à revenir au simple & au vrai, dont la nature fournit toujours les modèles impérissables.

Je pense que nous avons encore de grands progrès à espérer ; nous avons déjà fait un grand pas vers la perfection en reconnaissant la supériorité des Grecs. Je laisse à des hommes plus éclairés que moi, le soin de dévoiler tous les moyens de perfectionnement, que l'art de la Sculpture peut trouver chez les Modernes ; je crois qu'il en existe encore beaucoup, & je m'estimerai trop heureux si j'ai pu découvrir quelques vérités utiles, & contribuer ainsi au progrès de cet art.

NOTES.

NOTES.

(1) CALLIMAQUE, architecte Grec, inventeur de l'ordre Corinthien. Il vivait vers l'an 550 avant J. C.

(2) Jean Goujon, Sculpteur Français. Ses ouvrages ont quelquefois servi de modèles sous le règne de Louis XIV.

(3) On sera peut-être étonné de me voir faire d'aussi fréquentes digressions sur l'Architecture en traitant ce sujet. Mais on doit voir que la question a été posée d'une manière si vague, que je n'ai pu me dispenser de parler de l'Architecture de grand style, dont la Sculpture fait une partie si essentielle.

(4) Quoique ce soit en Italie qu'ait commencé la décadence des arts, par les causes que j'ai indiquées ; ce pays n'en était pas moins, depuis leur restauration, celui qui leur était le plus favorable, soit par son climat qui diffère peu de celui de la Grèce ; soit par les monumens antiques, que seul il possédait alors.

(5) Je sais qu'en général on estime à Londres ce monument. Je ne parle point de son exécution qui est assez

bonne ; je ne parle que de sa composition. Outre que le monument n'offre rien de moral au spectateur indifférent ; & rien de consolant pour les amis de l'objet qu'ils regrettent; on doit voir que l'artiste s'est grossièrement mépris, en mettant un mort qui sort d'un cercueil, à la place de la mort, prise sous son acception générale.

(6) Je ne parle pas non plus de l'exécution de ces deux figures, elle est rendue avec la plus parfaite vérité. Mais on doit convenir, que de pareils monumens ne devraient jamais être signalés que par des attributs consolateurs ; & que si l'homme sensible ne peut voir qu'avec peine l'imitation de la nature humaine dégradée à ce point ; c'est surtout à l'entrée d'un édifice qui en renferme l'exemple vivant. Quel peut être le motif raisonnable de l'artiste qui expose sous les yeux du spectateur, l'imitation d'une maladie dégoûtante qu'une bienfaisante humanité lui cache même avec soin ? S'il veut rendre des allégories ou des emblêmes, que ne les cherche-t-il dans les remèdes, au lieu de les prendre dans le mal lui-même ? Il serait excusable de montrer l'humanité dans cette état d'abjection, si ce mal était le produit d'un vice : mais il doit voir que ce n'est qu'une infirmité. Ainsi son ouvrage ne fait qu'accuser la nature, & révolter l'homme sans aucun but moral.

(7) N'est-ce pas en effet chercher à dégrader un art d'imitation, que vouloir peindre des objets fantastiques & hideux qui n'ont aucun objet de comparaison dans la nature ? Nous sommes environnés de sujets assez intéressans, & nous n'avons pas besoin, pour être émus, d'avoir recours aux productions d'une imagination déréglée. Le pein-

tre d'histoire doit laisser ce genre de caricatures aux hommes qui se destinent à faire rire la populace.

(8) Les Grecs aussi conséquens que délicats dans leurs idées, la désignaient par un vieillard ailé, armé d'une faulx, & montrant aux hommes un Clepsydre. Mais l'idée de ce vieillard, dont ils avaient fait un dieu, était adoucie & presque embellie par sa liaison avec tout le systême mythologique.

(9) On m'objectera, peut-être, que les poëtes ont souvent fait concourir les dieux avec les hommes dans la même action, sans qu'on leur en ait fait un reproche. Ces poëtes avaient raison, puisque l'on suppose que les dieux ont le pouvoir de se manifester aux hommes quand ils le veulent. Mais on doit observer que la mythologie fait mention d'Hercule comme homme dans ses travaux, & ensuite comme dieu, après son apothéose. S'il est homme, & on ne peut que le juger ainsi, puisqu'il éprouve de la douleur ; il y a anachronisme. S'il est dieu, on ne peut pas supposer que le dieu de la force descende des cieux sur la terre, pour y venir faire une preuve d'impuissance.

(10) Voyez sur les fêtes publiques, les gazettes de France dans le courant de l'année 1797 ; il sera facile de se convaincre que je suis encore resté au dessous de la vérité dans les détails de ces cérémonies ridicules.

FIN.

www.ingramcontent.com/pod-product-compliance
Ingram Content Group UK Ltd.
Pitfield, Milton Keynes, MK11 3LW, UK
UKHW022045170726
13837UKWH00002B/789

9 782329 468280